KB115456

행복한 아버지
행복한 10대

행복한 아버지 행복한 10대

발행일 2019년 11월 1일

지은이 윤성민
펴낸이 손형국
펴낸곳 (주)북랩
편집인 선일영 편집 오경진, 강대건, 최예은, 최승헌, 김경무
디자인 이현수, 김민하, 한수희, 김윤주, 허지혜 제작 박기성, 황동현, 구성우, 장홍석
마케팅 김회란, 박진관, 조하라, 장은별
출판등록 2004. 12. 1(제2012-000051호)
주소 서울특별시 금천구 가산디지털 1로 168, 우림라이온스밸리 B동 B113~114호, C동 B101호
홈페이지 www.book.co.kr
전화번호 (02)2026-5777 팩스 (02)2026-5747

ISBN 979-11-6299-946-2 03370 (종이책) 979-11-6299-947-9 05370 (전자책)

잘못된 책은 구입한 곳에서 교환해드립니다.
이 책은 저작권법에 따라 보호받는 저작물이므로 무단 전재와 복제를 금합니다.

이 도서의 국립중앙도서관 출판예정도서목록(CIP)은 서지정보유통지원시스템 홈페이지(http://seoji.nl.go.kr)와 국가자료공동목록시스템(http://www.nl.go.kr/kolisnet)에서 이용하실 수 있습니다.
(CIP제어번호: CIP2019043866)

(주)북랩 성공출판의 파트너

북랩 홈페이지와 패밀리 사이트에서 다양한 출판 솔루션을 만나 보세요!

홈페이지 book.co.kr • **블로그** blog.naver.com/essaybook • **출판문의** book@book.co.kr

사춘기 자녀와 가까워지는 관계 향상법

행복한 아버지 행복한 10대

윤성민 지음

북랩 book Lab

프롤로그

필자가 상담 현장에서 주로 성인을 대상으로 오랫동안 상담해온 경험에 의하면 성인이 된 이후(20세 이후)에도 학교, 직장, 결혼 생활 등 다양한 맥락에서 대인관계 문제로 커다란 어려움을 겪는 성인들을 많이 보게 된다. 그런 경우, 남녀 불문하고, 어린 시절 아버지와의 관계에서 커다란 어려움을 겪은 경우가 적지 않았다. 물론 어린 시절 아버지와의 관계에서 어려움을 겪은 경우, 반드시 성인이 된 후 대인관계에서 어려움을 겪게 된다는 의미는 아니며, 또한 어린 시절 어머니와의 관계에서 어려움을 겪은 경우는 그 파장이 반드시 더 가볍다는 의미는 아니다. 하지만, 얼추 경험적으로 볼 때, 아버지와의 관계에서 겪은 어려움은 성인이 된 이후에도 파장이 길고 크게 미치는 것 같다. 그 파장과 어려움의 종류는 대충 이러하다. 상사와의 관계에서 상사가 심하게 권위주의적이거나 명령하는 식인 경우는 물론이고 약간의 명령이나 권위적인 태도로 대할 때도 폭발적으로 화를 낸다거나, 반대로 겉으로 분노를 표출하지는 못하지만 상사의 부당한 처우에 대한 자신의 의사를 적절하게 표현하지 못한 채 속으로 분노를 쌓다가 그냥 힘들어하며, 직장을 그만두는 경우도 있다. 그런가 하면, 결혼하여 신혼살림을 꾸린 이후에도 지속적으로 아버지의 의견에 의존하여 매사에 중대한 사안을 결정해야 할 때마다 배우자와 의논하기보다는 아버지께 여쭙고 아버지의 뜻대로 결정하다가 결국에는 배우자와 불화가 생기는 경우도 있고, 사춘기에 접어든 자녀가 예전과는 달리 자기 의사가 강해지고 통제하기 어려워지자 어떻게 대응해야 하는지 몰라 당황해하며 무조건 윽박지르며 통제하려고 하다가 집안에서 큰 소리가 끊이지 않고 자녀와 관계가 악화되는 등 다양하다.

이런 사례들을 접하면서 필자는 자녀가 자라나는 시기에 아버지에게 자녀와 잘 지내기 위한 방법, 자녀를 잘 이해할 수 있는 방법을 소개하는 게 필요하다고 판단하여 사춘기 자녀를 둔 아버지가 알면 도움이 될 내용을 책으로 엮었다. 아버지는 사춘기 청소년 자녀와의 좋은 관계를 위하여 그들을 이해하는 방법과 효과적으로 대화를 잘하는 방법을 알면 좋은 관계로 발전할 것이라고 기대한다. 하지만, 필자의 경험에 의하면 그 이전에 더 우선되어야 할 것은 첫째, 아버지 자신의 행복을 찾는 것이고, 둘째, 부부간의 다정한 관계를 세우는 것이다. 아버지 자신의 삶이 행복하지 않다면, 즉 스스로 행복해지는 방법을 찾지 못하면 자녀에게 좋은 표정과 말투로 대할 수 없을 뿐만 아니라, 아버지의 불행감이 자녀에게 뭔가 지나친 요구와 기대, 과중한 압력, 눈치 주기나 애정 철회, 못마땅한 눈초리로 바라보기 등을 통해 전달되기 마련이다. 또한 아내와의 다정한 관계는 자녀와 좋은 관계를 맺기 전에 필수적으로 점검되어야 할 사항이다. 자녀는 부모의 부부 싸움과 다정하지 않은 냉랭한 부모의 관계에 의해 상처를 많이 받는다.

필자의 상담 경험에 의하면, 자녀가 사춘기에 접어들어 공격성과 폭력 증가, 가출, 등교 거부, 은둔형 외톨이, 성적 하락 등 학교나 가정에서 부적응 문제를 겪을 때 자녀를 상담실에 데리고 오는 어머니가 많다. 그리고는 자녀가 겪고 있는 문제 행동에 대해 묘사하시며 자녀의 이러한 행동문제가 상담을 통해 개선되기를 간절히 호소하시곤 한다. 이런 경우, 자녀의 행동문제 개선에 초점을 맞추어 상담을 진행하다 보면, 아버지와 어머니 사이에 불화가 있음을 발견하는 경우가 적지 않다. 이런 경우엔 상담을 통해 청소년 자녀의 문제 행동이 어느 정도 호전되기는 하지만, 그 효과가 어느 선에서 정체되며 더 이상의 진전이 없는 경우가 많고 이런 경우, 부모의 부부관계가 개선되면 자녀의 문제 상황도 훨씬 좋아질 것으로 전망될 때가 매우 많다. 참으로 안타까운 경우이다.

자녀가 영아기, 유아기, 아동기 등 어릴 때는 자녀가 아빠 말도 잘 듣고 아빠와 제법 많은 것을 같이 한다. 한마디로 다루기가 쉽다는 얘기다. 하지만, 자녀가 점점 자라, 사춘기가 되면 이전만큼 아빠의 말을 잘 듣지도 않고, 자기 의지가 훨씬 더 강해지게 되어 아빠는 당황스러움을 경험한다. 한마디로 아빠의 맘대로 조정이 안 되어 다루기가 어려워진 것이다. 이때부터 생긴 어려움은 뒤에까지 길게 이어지는 경우가 많다. 이전처럼 좋은 아빠이고 싶은데, 어떻게 해야 할지 난감하여 뭐든 새롭게 배워보고 싶지만 필요한 내용을 교육받을 수 있는 적절한 기관도 모르겠고, 막상 접한 아버지 교육이란 것은 거의 대부분, 보다 어린 자녀를 둔 아버지를 대상으로 한 내용이라서 사춘기 자녀에게 적용하기엔 실제적으로 적합하지 않고, 와닿지 않는 내용이 대부분이다. 부모를 위해 열리는 대부분의 부모교육은 낮에 열리기 때문에 아버지가 참석하는 데는 현실적인 어려움이 많다고들 호소하신다. 한국의 직장인 아버지는 대부분, 직장 일정 조정이 유연하지 않아 낮에 시간을 낸다는 것이 어렵기 때문이다.

이 책은 바로 이러한 아버지의 현실적 사정을 다분히 고려하여 집필하였다. 이 책의 내용은 크게 네 부류 주제의 내용으로 구성된다. 첫째, 아버지가 사춘기 자녀를 이해하는 것을 돕기 위한 내용, 둘째, 아버지와 청소년 자녀와의 관계 향상을 돕기 위한 실제적인 내용, 셋째, 아버지와 어머니가 부부간에 다정하게 잘 지내는 데 도움이 되는 내용, 넷째, 아버지 자신의 정서조절과 자신이 행복해지는 데 도움이 되는 내용으로 구성된다. 이 책은 상담 현장에서 청소년을 상담하는 실무자가 청소년 상담 도중, 아버지를 대상으로 부모 상담을 실시할 때, 아버지가 읽는 보조 자료로 권할 수 있으리라 생각한다.

끝으로 이 책을 읽으시는 모든 청소년 자녀의 아버지들 개개인이 행복하고 자녀들과 좀 더 나은 관계를 맺으실 수 있기를 진심으로 응원한다.

2019년 10월

저자

차례

3장. 청소년 이해하기 (1)

4장. 청소년 이해하기 (2)

5장. 금실 좋은 부부

6장. 10대와 소통하는 양육방식 (1)

7장. 10대와 소통하는 양육방식 (2)

8장. 10대와 소통하는 양육방식 (3)

9장. 아버지의 자기감정 다스리기와 자기 심리 치유

10장. 아버지의 행복감 높이기

1장

'아버지 됨'에 대한 인식

오늘의 이야기

자, 다음은 어느 가정의 가족들과 인터뷰한 내용입니다. 아래의 인터뷰 내용을 읽으며 장면을 생생하게 떠올려 보세요.

아버지: 어디 가는 길이냐고요? 중학생 아이의 학교운영위원회 가는 길입니다.

아버지: 혼자 아이 키우냐고요? 아~ 아내가 오늘 회사에서 중요한 행사가 있어 제가 시간 조정을 했죠.

어머니: 퇴근 후 남편과 아이들에 관해 대화할 때가 가장 편안한 시간이죠. 아이들 친구, 학업, 진로… 뭐 소재는 다양해요.

아들: 아빠랑 가끔 게임을 하는데, 아빠를 이길 때 절로 야호~ 소리가 나요.

딸: 진로요? 엄마, 아빠와 의논 중이에요. 매번 꿈이 바뀌지만, 의논할 수 있는 부모님이 있어서 그렇게 혼란스럽지는 않아요.

아버지: 오늘은 아들에게 면도하는 법을 알려준 첫날입니다. 아이가 커가는 동안 저도 새롭게 크고 있는 기분이 들죠.

오늘의 이야기가 비현실적으로 느껴졌다면 여러분은 아주 평범한 사춘기 자녀를 둔 아버지가 맞습니다. 1장의 본문 내용 읽기가 끝나고 다시 이 이야기를 떠올려 주세요. 양육자로서의 아버지? 어떤 모습이어야 할까요?

이번 장에서는 아버지 역할의 역사적 변천사와 아버지 역할, 아버지의 역할 참여가 자녀에게 미치는 영향, 바람직한 아버지가 되는 길에 대한 이야기를 나누어볼 것입니다. 사춘기 자녀를 둔 아버지의 바람직한 역할에 대해 알려면 전통적인 아버지 역할이 역사적으로 어떠한 변화 과정을 거쳐 현대적으로는 어떠한 아버지 모습이 바람직하다고 여겨지는지 이해하는 게 도움이 되기 때문입니다.

아버지 역할의 역사적 변천사

시대에 따라 각각 다른 아버지 역할이 부각되어 왔습니다. 아버지 역할이 역사적으로 어떠한 변천 과정을 거쳐 왔는지, 학자들은 다음과 같이 3단계로 요약하고 있습니다(Pleck & Masciarelli, 2004).

1단계: ~1940년대 중반, '가족의 생계부양자'로서의 아버지
2단계: ~1970년대 중반, '성 역할 모델'로서의 아버지
3단계: ~현재, 새로운 형태의 '양육자'로서의 아버지

즉, 1940년대 중반까지는 '가족의 생계부양자'로서의 아버지 역할이 부각되었던 시기이고요. 그 이후부터 1970년대 중반까지는 '성 역할 모델'로서의 아버지 역할이 부각되었던 시기입니다. 다음은 그 이후부터 현재에 이르기까지 새로운 형태의 아버지 역할, 즉 '양육자로서의 아버지' 역할이 부각되고 있습니다. 특히, 1990년대 이후 맞벌이 부부의 증가로 자녀에게 정서적 역할을 담당하는 아버지 역할에 대한 인식이 확장된 점이 특징이라 할 수 있습니다.

아버지 역할

학자에 따라, 아버지 역할을 다양한 방식으로 정의합니다. 이 중 몇몇 학자의 정의를 살펴볼까요? 유영주(1996)는 아버지의 역할을 경제적 책임자로서의 도구적·수단적 역할, 자녀의 사회적 지위의 표본, 자녀의 동료적 역할, 그리고 이성적이고 판단적인 역할의 네 가지로 구분했습니다. 그런데, 이러한 아버지의 역할은 자녀의 연령 및 성별에 따라 아버지의 구체적인 역할 수행에 대한 기대가 달라지므로 적절한 역할을 차별적으로 선택하여 수행해야 합니다. 자녀의 연령에 따라 아버지-자녀 간의 상호작용 특성에 차이가 있는데요. 자녀가 유아기일 때는 아버지가 자녀의 놀이 활동에 더 많이 참여하게 되고, 자녀가 성장함에 따라 자녀와의 애정적인 관계가 중요시되어 자녀의 사회화에 상당한 영향력을 보임을 알 수 있습니다.

아버지: 학자들의 다양한 묘사

아버지에 대한 학자들의 다양한 묘사에는 어떤 것이 있는지 살펴볼까요? 통제적·도구적 역할, 주변인 혹은 부수적 역할, 이차적 양육자, 보이지 않는 부모, 양성적 아버지까지 다양하게 묘사되고 있는데요. 하나씩 살펴보겠습니다.

'통제적·도구적 역할'은 파슨스(Parsons)가 1956년 제안한 개념으로(Parsons, 1956), 아버지는 자녀를 통제하고 온 가족의 생계수단인 직업에 충실함으로써 자녀에게는 직접적인 아버지 역할 수행보다 간접적인 아버지 역할 수행을 하는 것을 의미합니다. '주변인, 부수적 역할'은 1970년 르 매스터(LeMaster)가 제안한 것인데요. 르 매스터는 아버지를 생물학적으로 필요한 사람이지만 인디언처럼 잊힌 사람으로 묘사하고 있습니다(LeMasters, 1974). 그로센스와 반 아젠도른(Grossens & van Ijzendoorn, 1990)이 아버지를 '이차적인 양육자'로, 부스와 에드워드(Booth & Edward, 1980)가 아버지를 '보이지 않는 부모'로 묘사했습니다. 로툰도(Rotundo, 1985)는 '양성적 아버지'라고 하여, 새로운 스타일의 미국적 아버지를 묘사하고 있는데, 자녀의 눈높이에서 생각하고 이해해주며 매사에 함께 세심한 부분까지 적극적으로 참여하는 아버지상으로 그리고 있습니다.

생산적인 아버지

그 외에도 '생산적인 아버지' 역할을 강조하는 개념도 있습니다. 에릭슨(Erikson, 1950), 레빈슨과 동료들(Levinson et al., 1978), 베일런트(Vaillant, 2002) 등은 전 생애에 걸친 인간 발달을 연구한 학자인데요. 성인은 중년의 위기를 거치면서 생산성을 획득하며 이후의 정신적 성숙으로 이끄는 개별화된 자아 발달을 이루게 된다고 주장합니다. '생산적인 아버지'는 발달심리학자, 에릭슨(1982)의 8단계로 이루어진 생애 발달이론과[1] '발달단계별 발달과업'에 근거한 개념입니다. 이 중 7단계인 성인 중기에 나타나는 발달과업은 생산성 대 침체감인데요. 생산성의 느낌을 획득하는 것이 성인기 동안의 건강한 발달을 이루는 데 결정적이며, 이 단계의 발달을 위한 과업의 달성에 미치지 못했을 경우, 침체감, 대인관계에서의 무력감을 경험한다고 합니다.

그렇다면 생산성의 느낌을 어떻게 획득할 수 있을까요? 성인 중기인 40~65세 동안 다음 세대를 양육하고 타인을 보살피며 생산적인 일에 헌신함으로써 생산성을 확립한다고 합니다. 여기서 '생산성'은 자신 밖의 누군가를 돌보거나 다음 세대의 발달을 지원하는 것을 포함하는 것으로, 성공적인 노화를 가장 잘 예측할 수 있는 개념입니다. 남성에게 있어서 '생산성'이란 느낌을 획득할 수 있는 가장 강력한 동기유발 요인은 자신보다 더 오래 존속할 생명체나 일의 형태로 자신의 본질을 투자하는 것이라고 볼 때, 자녀의 요구를 충족시

1 대표적 발달심리학자 에릭슨은 인간 발달을 8단계로 구분하고, 발달단계별 발달과업을 제시하고 있습니다. 1단계: 생후 1년, 신뢰감 대 불신감. 2단계: 2~3세, 자율성 대 수치심. 3단계: 4~5세, 주도성 대 죄책감. 4단계: 6~11세, 근면성 대 열등감. 5단계: 청소년기, 정체감 대 역할 혼미. 6단계: 성인 전기, 친밀감 대 고립감. 7단계: 성인 중기, 생산성 대 침체감. 8단계: 노년기, 통합 대 절망.

키면서 자녀와의 발전적인 관계를 창조하고 유지하기 위해 노력하는 '아버지 역할 하기', 즉 '생산적 역할 하기'는 남성의 자아존중감 및 성장에 핵심적 요소라고 할 것입니다.

'생산적인 아버지'라는 개념은 위에서 살펴본 에릭슨의 인간 발달 이론을 토대로 해서 스내리(Snarey)가 1993에 제안한 개념입니다. 스내리는 생산적 아버지 역할 하기를 '아버지가 자녀의 성장·발달을 위해 돌봄으로써 다음 세대의 삶에 기여하는 일'이라고 정의했습니다(Snarey, 1993). 생산성에는 자녀 출산과 관련된 생물학적 생산성, 자녀 양육과 관련된 부모로서의 생산성, 문화 전수와 관련된 사회적 생산성의 개념이 모두 포함됩니다. 이러한 생산성은 인간의 발달과 밀접한 관계가 있는데, 이 점은 아버지에게 특히 중요합니다. 소년은 아동기나 청소년기를 거치며 아동 양육에 대해 소녀에 비해 훨씬 덜 체계적이며 비형식적인 방식으로만 배우게 되고 그 결과, 아버지는 대개 어머니와 비교해서 부모 역할에 대한 체계적 훈련이나 교육을 받지 않아 준비가 덜 된 채로 아버지가 되곤 하는 게 일반적인 양상입니다(박은주, 2013; 신용주, 2012).

아버지가 생산적 아버지 역할을 수행하는 기간은 부모의 심리적·사회적 기술이 성장하는 시기인데, 성인기 동안 다음 세대를 보살피고, 가르치고, 지도하는 부모 역할을 수행한 경험은 생산성을 획득하는 데 중요한 맥락이 되죠. 중년기 성인은 자신의 삶이 의미 있고 가치 있다고 느낄 때 스스로가 생산적이라고 인식하기 때문입니다. 특히 남성이 아버지의 역할을 중요하다고 지각하는 정도가 높을수록 사회적 생산감도 높게 나타난다는 연구 결과가 있는데, 이는 남성이 생산성을 성취하는 데 있어서 부모 역할 수행이 핵심적이라는 것을 보여줍니다.

자녀가 지각하는 이상적인 아버지 역할

자, 그럼 과연 우리의 사춘기, 청소년기 자녀는 어떠한 아버지의 역할을 이상적인 아버지 역할이라고 지각할까 궁금하지 않으세요? 이와 관련된 연구 결과 2개를 소개해드리려고 합니다. 청소년을 대상으로 한, 한 연구 결과에 의하면, 청소년은 강한 정서적 유대와 이해심을 갖고 일상적 양육에서부터 정서적 지원까지 자녀의 모든 삶의 영역에서 철저히 참여하는 아버지(최명선, 조선화, 2005)를 이상적인 아버지로 지각하고 있었습니다. 여기서 중요한 것은 '참여하는 아버지'의 모습입니다.

또 다른 연구 결과에서는, 대구광역시 14개 남·여 중학교의 중1~중3까지의 남·여 학생 276명을 대상으로, 아버지의 역할에 대한 기대를 묻는 내용을 설문지 20개 문항으로 조사를 실시한 다음, 순위별로 정리(이성대, 1998) 하였습니다. 그런데, 1위로 나타난 게 무엇이었는지 궁금하지 않으세요? 청소년은 부부간의 금실이 좋은 아버지를 이상적인 아버지 역할의 1순위로 꼽고 있었습니다. 물론 인자한 아버지, 나를 이해해주는 아버지, 가족과 대화를 많이 하는 아버지도 당연히 높은 순위였지만, 부부간에 사이가 좋은 아버지를 이상적인 아버지로 여기고 있다는 사실이 매우 인상적이었습니다. 그래서 이 책의 내용 중에도 금실 좋은 부부에 관한 내용을 한 장 별도로 다루게 되었습니다.

1순위: 부부간에 금실이 좋다.

2순위: 인자한 아빠의 모습이다.

3순위: 술, 담배를 금한다.

4순위: 부지런하고 근면하다.

5순위: 나를 이해해주고, 개성을 존중해준다.

6순위: 온 가족과 함께 하는 시간을 자주 가진다.

7순위: 잘했을 땐, 칭찬과 격려한다.

8순위: 우리들의 문화를 이해한다.

9순위: 가족들과 대화를 많이 한다.

10순위: 귀가를 일찍 한다.

출처: 이성대(1998), 이상적인 아버지 역할 순위

아버지의 자녀 양육 역할 참여 - 3가지 구성요소

아버지가 자녀 양육 역할에 어떻게 참여할 수 있는지에 대해 램(Lamb, 1987)은 다음과 같은 3가지 요소를 꼽고 있습니다.

직접적 상호작용(direct interaction)

자녀 먹이기, 자녀와 놀아주기, 자녀의 숙제 돕기, 학업 및 진로 컨설팅 등 부-자녀 간의 직접적 상호작용이나 접촉을 의미하는 개념인데요. 참여, 개입(engagement)을 강조하는 개념이라고 볼 수 있어요.

접근성(accessibility), 가용성(availability)

자녀가 놀고 있는 동안 음식을 만들고 있기 등 아버지가 자녀와 함께 있거나 함께 상호작용을 하거나 언제든 도움을 청하기 용이한 접근 가능성 또는 잠재적 활용 가능성을 의미합니다(신용주, 2009).

책임성(responsibility)

자녀 돌보기 분담, 자녀를 병원에 데려가기 등 자녀가 보호받고 있다고 느끼고 또 자원 활용이 가능하도록 확인시켜주는 것을 의미합니다.

이 같은 3가지 구성요소를 사춘기, 청소년기 자녀를 대상으로 어떻게 구체적으로 실천해 볼 수 있을지 알아보겠습니다.

구체적 실천 방략

많은 시간을 자녀와 함께 보내면서 생활지도를 하거나 여가를 함께 보내는 것으로 실천해 볼 수 있겠고요. 자녀와 관련된 가사 활동에 적극적으로 참여하며 특히 허물없이 놀이에 적극적으로 참여하는 것으로 실천할 수 있는데, 이것을 청소년기에 적용해 본다면, 여가활동 함께하기(여행, 운동, 게임, 쇼핑, 외식 등)로 실천해 볼 수 있겠습니다. 또한, 부모가 자기 자신에 대해 긍정적 자세를 갖고 있으면서 자녀에게 논리적이지만 제한적이기보다는 온정적이고, 자상하고 반응적으로 상호작용하는 것(연분홍, 2014)으로 실천해 볼 수 있습니다. 그 외에도, 자녀 학교 행사 참여하기(학부모회, 운영위원회, 학예회 등), 자녀 학원 데려다주고 데려오기 등으로 실천해 볼 수 있습니다.

현대 가족에서 아버지 역할: 아버지 재발견의 시대

현대 가족에서의 아버지 역할과 관련해서 램(Lamb, 2004)은 현대를 '아버지 재발견의 시대'라고 표현했습니다. 램은 현대 가족에서의 아버지 역할을 가족의 생계를 책임지는 '생산적 아버지', 가족 구성원의 '정서적 지원'을 제공해주는 아버지, 자녀의 개인적, 사회적으로 관련된 일에 도움을 주는 '조언자 역할'의 아버지, 자녀와 직접적으로 '상호 작용하는 아버지' 등으로 표현했습니다.

'아버지 반응성(Father Responsivity)'

아버지 역할에 대해 연구하는 전문가는 현대의 시대적 변화와 요구를 반영한 바람직한 아버지의 역할을 '아버지 반응성'이라는 개념으로 설명하고 있습니다(Shawn & Knudson-Martin, 2006). 아버지 반응성의 개념적 정의는, 아버지가 아내와 자녀의 필요나 요구를 인식하고 거기에 관심을 기울이고 반응을 보이는 정도를 의미합니다. 이는 아내와 자녀의 정서적 필요에 대한 관심, 가사과 자녀 돌보기 과업, 부부 사이에서의 권력과 평등성을 포함하는 개념입니다(신용주, 2009).

학자들은 이 같은 아버지 반응성을 높이는 데는 다음과 같은 5가지 요인이 영향을 미친다고 보고 있습니다. 아버지의 반응성에 영향을 미치는 5가지 요인과 반응성이 높은 아버지의 특성은 무엇일까요?

첫 번째 요인은, **성 의식**입니다. 이는 전통적인 성 역할 고정관념을 벗어나는 것을 의미합니다. 가정에서 여성을 돌봄 제공자나 가정주부로, 남성을 경제적 제공자나 보호자로 간주하는 전통적인 기본 전제에 의거하여 행동하지 않으며 평등성과 공정성에 기초하여 행동하는 모습을 말합니다.

두 번째 요인은, **권력 및 아내의 영향력**입니다. 이는 부부간에 동등한 권력을 갖는 것을 의미합니다. 아내의 가정 밖 직업에 대해서도 존중을 표하며 가정 내에서 아버지의 직업만큼 어머니의 고용도 가치 있게 여기며 높이 평가하는 모습을 보입니다. 부부 사이의 평등주의를 전제로 하고 자녀 돌보기와 가사노동에 대해 남편이 상당한 정도까지 기꺼이 책임질 의향이 있습니다.

세 번째 요인은, **조율**입니다. 적극적으로 자녀 및 아내의 요구에 관여하는 등 아내와 자녀에게 주의 깊게 주파수를 맞추어 조율하는 모습을 보입니다.

네 번째 요인은, **업무 스케줄**입니다. 아내 및 자녀와 함께 할 시간을 좀 더 가질 수 있도록 근무 일정을 재조정하거나 여건이 허락한다면 직장을 바꾸는 것을 기꺼이 고려할 의향이 있는 것을 의미하죠.

다섯 번째는 **정서적 타협**입니다. 연구 결과에 의하면, 아버지 반응성이 높은 남편의 아내인 경우, 아버지가 자녀 돌보기 및 가사 일에 참여한 것에 대해 아내가 감사 표시를 하는 것이 분명하게 드러나지 않았는데, 그 이유는 이 부류의 아내가 감사를 느끼지 않아서가 아니라, 자녀 양육은 부부가 공동으로 수행해야 하는 일이라는 인식 때문인 것으로 나타났습니다. 이점은 매우 흥미로운 결과입니다.

쉬어가기

남자는 언제 울까요? 어느 정신과 의사에 의하면, 남자는 결혼 생활의 실패, 속 썩이는 자녀, 사업상의 실패 등 자신의 아픈 부분을 이야기하면서도 울지 않는다고 합니다. 그러면 남자는 과연 어떤 이야기를 하면서 우는 걸까요? 성인 남자의 대부분은 거의 언제나 자신의 아버지에 대해 이야기를 할 때 눈물을 흘린다고 합니다. 그들은 돌아가신 아버지를 그리워하며 울거나, 사춘기에 커다란 고통을 안겨준 아버지를 원망하며 운다고 합니다. 아버지가 증오의 대상이건 존경의 대상이건, 자녀에게 아버지는 생에 있어서 가장 든든하면서도 마지막 버팀목으로 존재하고 있는 것이죠. 그 버팀목의 존재가 사라졌을 때 눈물을 흘린다는 것입니다. 여러분은 어떤 버팀목이 되고 싶으세요? 아내에게 전적으로 양육을 맡기는 방관자? 이방인? 아내와 자녀에게 늘 관심을 기울이고 함께 하는 반응성 높은 아버지?

아버지의 역할 참여가 자녀에게 미치는 영향

지금부터는 아버지의 역할 참여가 자녀에게 미치는 영향을 여러 가지 측면에서 살펴보겠습니다. 아버지의 역할을 보고 자란 경험이 자녀의 성장 발달에 다방면에서 영향을 미친다는 연구 결과가 있습니다(박은주, 2013; 연분홍, 2014).

성 역할 발달

성 역할 발달에 어떤 영향을 미치는지부터 살펴보겠습니다. 아버지가 어머니보다 자녀의 성 역할 발달에 더 큰 영향을 미치는데, 특히, 여아보다 남아의 성 역할 발달에 더 큰 영향을 미칩니다. 즉 남아는 자신이 보고 경험한 아버지의 역할을 모델링하게 되는 경향이 큽니다.

정서적 발달, 사회성 발달

아버지의 역할 참여가 자녀의 정서와 사회성 발달에 어떤 영향을 미칠까요? 아버지를 좋아하고 아버지와의 접촉이 많은 아동은 낯선 사람과의 관계가 우호적이고 활발합니다. 특히 남아의 경우 더욱 영향을 많이 받죠. 자신의 아버지에게 강한 동일시를 느낀 남아는 아버지와의 동일시를 적게 느낀 남아보다 정서적 발달이나 사회성 발달에서 더욱 높은 점수를 낸다는 연구 결과도 있습니다.

또한, 아버지의 역할 수행이 자녀의 사회성 및 도덕성 발달, 자녀의 성취감, 자아존중감, 사회적 효능감 같은 사회성 발달에 긍정적 영향을 미칩니다. 아버지의 적극적인 양육 태도와 합리적인 사고는 자녀의 자아존중감, 성격 형성, 성 역할 발달에 긍정적 효과를 줍니다. 더욱이 아버지가 자녀 양육 참여에 적극적일수록 자녀의 대인관계 상황에서 발생할 수 있는 정서적 갈등 상황도 현명하게 극복할 수 있는 인지적 전략을 가지게 해주죠. 정리해보면, 아버지의 역할 참여가 높아질수록 자녀의 스트레스에 대한 적극적 대처, 자기인식능력과 자기조절 능력이 높아지고, 안정적 애착 및 정서적·심리적 발달에 긍정적 영향을 미친다는 것입니다.

그렇다면 자녀의 자아존중감을 높이기 위해 아버지의 역할 참여는 어떻게 이루어져야 할까요? 권위주의적인 태도로 자녀를 엄격하게 통제하고 명령하는 태도보다 아버지가 자녀에게 자율적으로 생각하고 결정하는 기회를 부여하며 아버지-자녀 간에 많은 시간을 함께 보내는 것이 자녀의 자아존중감을 높이는 데 중요합니다. 결국,

아버지가 자녀에게 애정 표현을 많이 하고 자녀의 의견에 강하게 지지해주며 보다 많은 시간을 자녀와 보낼수록 자녀의 총체적 자아존중감과 사회 및 가정에서의 자아존중감은 높아진다는 것입니다. 아버지의 자녀에 대한 사회적 지지와 자녀와의 친밀감은 자녀의 자아존중감 및 사회와 가정에서의 자아존중감과 관련이 높다 하겠습니다. 반대로 아버지의 양육 참여도가 낮고 부모가 불안정한 성격을 가진 가정에서 자란 아이는 성격적으로 부적응적이고 사회성이 낮습니다.

아버지의 역할 수행은 어머니의 자녀 양육 태도에 영향을 주게 된다는 점 또한 간과해서는 안 되는데요. 아버지의 역할 참여가 높아질수록 어머니의 수용적 양육 태도와 자율적인 양육 태도는 높아지고, 성취에 대한 압력은 반대로 낮아집니다. 바꾸어 말하면, 아버지의 역할 수행은 어머니에게 실질적 도움과 심리적 안정을 주어 간접적으로 자녀의 균형 잡힌 발달을 도모하고, 나아가 아버지 자신의 심리적 안녕감에 기여하게 되는 선순환을 가능하게 한다는 것입니다.

인지발달

그렇다면, 아버지의 역할 참여가 자녀의 인지발달에는 어떤 영향을 미칠까요? 자녀의 연령, 성별, 자녀와의 유대관계에 따라 상이한데요. 아버지의 역할 참여는 여아보다 남아의 인지능력과 더욱 관련이 깊다는 연구 결과가 다수입니다. 아버지와의 유대관계에 따라 자녀의 인지발달에 미치는 영향도 상이한데요. 부자간 친밀한 관계는 자녀의 분석적 인지능력 발달에 영향을 미치고, 권위주의적인 아버지의 태도는 자녀의 학습능력을 감소시키는 것으로 나타나고 있습니다.

성별에 따른 차이

그런데 아버지의 역할 참여가 자녀의 성별에 따라 달리 이루어져야 할까요? 여러 연구 결과를 종합하면 아버지가 자녀의 성별에 따라 다르게 영향을 미치는 것으로 나타남에 따라 성별에 따라 양육 행동을 다르게 제공해야 할 필요성이 제기되었습니다. 자녀의 사회적·심리적 성숙은 여학생의 경우 어머니의, 남학생의 경우 아버지의 양육 행동과 가정교육에서 영향을 더 받는다고 합니다.

아버지의 수용적 태도는 아들의 성취동기를 강화하고, 거부적이고 제한적인 양육 태도는 성취동기를 방해합니다. 또한, 아버지의 세심한 격려와 배려는 딸의 성취동기를 강화합니다.

자아개념 발달에 미치는 부모의 영향도 성별에 따라 차이가 날까요? 남학생은 아버지의 과잉 간섭과 기대가 자아개념 발달에 부정적 영향을, 어머니의 과잉 간섭과 기대는 긍정적 영향을 미치는 반면, 여학생은 아버지와 어머니 모두의 감독, 애정, 과잉 기대가 자아개념 발달에 긍정적 영향을 미친다는 연구 결과가 있습니다.

바람직한 아버지가 되는 길

사회 변화와 아버지 역할

지금부터는 바람직한 아버지가 되는 길을 만들어나가 볼까요? 그러기 위해 사회 변화에 따라 아버지의 역할이 어떻게 변화했는지 살펴야 합니다. 혹시 '슈퍼 대디(super daddy)', '양성적 아버지(androgynous father)', '새로운 남성성(new manism)', '프렌디(friend + daddy)' 등의 용어를 들어 본 적 있으신가요? 이 용어가 바로 변화하는 아버지의 모습을 반영하고 있습니다.

대중매체를 통해서도 다정하고 친구 같은 아버지의 모습, 2주간의 출산휴가를 떠난 영국의 토니 블레어 총리 등 좀 더 양육에 적극적으로 동참하는 아버지 모습이 부각되고 있죠. 산업화, 여성 취업의 증가로 가정 내에서 아버지 역할이 강조되고, 전통적인 부모 역할 구분이 점차 희미해지고 있습니다. 따라서 양성적인 부모 역할이 점차 증가하게 되었죠. 이 이야기는 자녀 양육에서 어머니와 아버지의 뚜렷한 역할 구분과 담당 역할의 차이가 줄어드는 추세라는 것입니다. 다시 말해, 생물학적 아버지로서의 역할 비중, 전통적인 엄한 자녀의 훈육자, 통솔자 역할, 가정의 경제적 책임을 담당하는 생계부양자 역할 비중은 점차 감소하고(조형숙 등, 2008) 사회학적 아버지로서의 역할 비중이 점차 증가한다고 할 수 있겠습니다.

그런데 양성적인 사람이 더 적응적인 이유는 무엇일까요? 양성적인 아버지는 자녀와의 관계에서 도움이 필요하거나 감정을 표현할 때, 자신의 남성성을 빨리 버리고 자녀를 도와주거나 자녀와의 감정 표현을 잘 수행하게 되기 때문이죠. 다시 말해, 성 역할 고정관념의 구속을 덜 받기 때문인 거죠.

시대 변화와 맞벌이 부부의 증가로 아버지 역할에 대한 기대가 변화하였고, 아버지-자녀 간 직접적인 관여·개입이 더욱 중요해졌습니다. 아버지의 관여와 개입을 가장 잘 실행해 볼 수 있는 기회는 여가라 할 수 있겠는데요. 관련해서 가족 여가에 대해 살펴볼까 합니다. 가족 여가는 부모 역할과 양육을 할 수 있는 사회적 공간으로, 아버지 역할이 여전히 중요한 영향을 미치는 영역입니다. 가족 여가를 통해 남성이 아버지 역할을 할 수 있는 중요한 맥락을 제공하게 되는 것이죠. 여가를 함께 즐기며 자녀와의 관계 개선을 위한 기회로 전환할 수 있다는 점이 중요한 포인트입니다.

그럼, 가족 여가의 예를 살펴볼까요? 유소년 스포츠장에서 코치로, 리그 관리자로, 심판으로의 역할 수행을 통해, 아버지-자녀가 함께하는 사회봉사 활동을 통해, 가족과 함께 하는 여행을 통해, 아버지-자녀가 함께하는 스포츠 활동을 통해 아버지-자녀 간 유대감과 관계 개선을 위한 기회로 활용해 보실 수 있습니다.

자녀의 발달단계에 따른 아버지 역할의 변화

이제 자녀의 발달단계에 따른 아버지의 역할이 어떻게 변화해야 하는지 알아봅시다. 청소년기(12~18세)는 부모 관계, 교우관계 등을 통해 새로운 생활을 습득하는 시기로, 상호의존(interdependent) 단계입니다. 가족과 함께 보내는 시간이 감소하고 가족 간의 갈등이 증가하는 등 아동기와는 다른 양상의 변화가 일어납니다. 이러한 변화와 아동기와는 발달과업이 다르다는 점을 감안하여 자녀의 발달단계에 따라 청소년 자녀를 둔 아버지 역할도 변화되어야 합니다.

부모는 '새로운' 자녀의 모습에 직면하게 되므로 일방적인 통제가 아닌, 자녀와 상호작용을 해야만 하는 거죠. 부모-자녀 관계는 모든 측면에서 재조명이 필요한 단계입니다. 이제 부모의 일방적인 권위는 더 이상 통하지 않게 되고, 상호 의존하는 동반자적 관계가 형성됩니다. 청소년 자녀의 입장에서는 자아의식이 강해지고 자아에 대한 통합된 개념을 발달시키려 하는 시기죠. 이 시기에 아버지의 역할 만족감은 낮아지고 자녀에 대한 통제력을 상실하게 됩니다. 동시에 아버지는 삶의 중반기에 접어들게 되며 젊음을 잃어가게 되는 반면, 자녀는 활발한 힘을 발휘하는 시기죠. 이러한 변화를 건강하게 해결하기 위해 아내와 시간을 보내며 대화를 하고 자녀의 특성에 따라 아버지 역할 수행에 적극적일 필요가 있습니다. 또한, 조건 없이 자녀를 지지하고 책임감을 갖도록 훈련하는 데 힘을 쏟아야겠죠? 아버지 역할의 중심에는 아버지-자녀 쌍방향적 관계의 축이 자리 잡고 있으며, 이는 전 생애에 걸쳐 발전합니다.

'아버지의 반응성'을 높이기 위한 5가지 조건

자, 그럼 바람직한 아버지가 되는 길은 과연 무엇일까요? 오늘 배운 내용 중에서 핵심 내용이라고 할 수 있는 **'아버지의 반응성'**을 높이는 것이 바람직한 아버지가 되는 지름길이 아닐까 생각합니다 (Shawn & Knudson-Martin, 2006).

이러한 아버지의 반응성을 높이기 위한 5가지 조건을 어떻게 실천해볼 수 있을까요? 먼저, **평등주의 성별 이념**을 실천해보실 수 있습니다. 여성에게 자녀 양육에 대한 주요 책임이 있다고 전제하기보다는 두 부부가 자녀 양육에 대해 함께 분담하는 것으로 실천해 볼 수 있습니다. 남성이 자녀에게 일차적인 주요 책임을 지지 않는 경우에는, 남성의 반응성은 부인의 요구에 우선적으로 조율을 하고 간접적으로는 자녀에게로 방향을 맞추는 게 좋습니다.

두 번째는 **여성의 일에 대해 존중하는 태도**를 실천해보실 수 있습니다. 남성이 아내 및 자녀에게 가장 반응성을 높게 보이는 부부는 여성의 일을 가치 있게 여기는 부부입니다. 남성이 자녀에게 고도로 반응성을 보이는 경우는 여성의 가정 밖 일에 대해 중요하게 여길 때만 가능합니다.

세 번째는 **선택에 대한 인식**을 실천해보실 수 있습니다. 남성이 자신의 직업 세계에서 주어진 선택 사항(근무시간 변경, 근무지 변경, 근무부서 변경 등)에 대해 잘 인식하고 만일 상황이 허락한다면, 이를 잘 활용하는 게 필요합니다.

네 번째는 **동등한 권력 및 혜택에 대한 인식**을 실천해보실 수 있습니다. 전통적인 성 역할 고정관념에서 벗어나 부부간에 평등성을 전제로 관계가 형성될 때 자녀 양육에 대한 남성의 적극적 참여를 기대할 수 있고, 여성이 정서적으로 빚진 마음을 덜 가질 수 있습니다. 이런 아버지는 자녀에게 직접적으로 반응을 보이며, 자녀 돌보기가 '엄마를 위해 해주는 어떤 일'이라고 여겨지지 않습니다.

다섯 번째로 **남성의 정서적 조율**을 실천해보실 수 있습니다. 반응성이 낮은 아버지는 도움을 청하는 아내의 신호나 자녀의 요구를 읽어내는 데 익숙하지 않지만, 반응성이 높은 아버지는 일이나 돈을 더 많이 버는 것에 관심을 기울이는 것만큼 내지는 그보다 더 아내 및 자녀의 요구에 늘 관심을 기울이며 이에 맞추어 조율합니다.

오늘의 점검

앞서 바람직한 양육자로서의 아버지는 어떤 모습이어야 할지 질문을 드렸습니다. 이 장을 읽으며 답을 찾으셨나요? '아버지의 반응성'을 높여야 바람직한 아버지가 될 수 있다는 점, 상기해 보세요. '아버지의 반응성'을 높이기 위한 다음의 5가지 조건 각각에 있어서 현재 어떠한 인식과 행동을 보이고 있습니까? 이장에서 읽은 내용을 돌아보며 각자의 생각을 정리해보시기 바랍니다.

Q. '반응성'을 높이기 위해 다음에 제시되는 내용에 현재 나의 상태와 어떻게 변화하고자 하는지 점검해 보세요.

1. 평등주의 이념

현재의 인식 및 행동:

___

향후 계획:

___

2. 여성의 일에 대해 존중하는 태도

현재의 인식 및 행동:

___

향후 계획:

___

3. 선택에 대한 인식

현재의 인식 및 행동:

향후 계획:

---

4. 동등한 권력 및 혜택에 대한 인식

현재의 인식 및 행동:

향후 계획:

---

5. 남성의 정서석 소율

현재의 인식 및 행동:

향후 계획:

참고문헌

김영화, 이진숙, 이옥희 (2002). **성인지적 가족복지론**. 서울: 양서원

김유숙 (2016). **가족상담(3판)**. 서울: 학지사

박은주 (2013). **아버지역할척도 개발 및 타당화 연구**. 충북대학교 대학원 박사학위 청구논문.

신용주 (2009). 반응적 아버지교육 프로그램의 모형 개발에 관한 연구. **Andragogy Today: International Journal of Adult, 12**(3), 47-72.

신용주 (2012). 생산적 아버지역할하기에 대한 성인 교육적 함의. **Andragogy Today: International Journal of Adult. 15**(2), 85-104.

연분홍 (2014). **아버지 역할 수행과 청소년의 자아존중감 관계에 영향을 미치는 가족 여가활동의 조절효과 검증**. 숭실대학교 대학원. 박사학위 청구논문.

유영주 (1996). **가족관계학**. 서울: 교문사.

이성대 (1998). **아버지 역할에 대한 청소년의 기대에 관한 조사연구 : 대구 시내 중학생들을 중심으로**. 계명대학교 교육대학원 석사학위 청구논문.

이희신 (1996). 아버지 역할 증진을 위한 부모교육 프로그램 고찰. **論文集, 15**, 207-223.

정옥분, 정순화 (2016). **결혼과 가족의 이해**. 서울: 학지사.

조정문, 장상희 (2001). **가족사회학**, 서울: 아카넷.

조형숙, 김지혜, 김태인 (2008). 영유아기 자녀를 둔 아버지가 추구하는 아버지상에 대한 연구. **유아교육학논집, 12**(1), 239-264.

조흥식 외 (2001). **가족복지학**, 서울: 학지사.

최명선, 조선화 (2005). 청소년이 지각하는 '아버지 상(像)'에 대한 연구-서울시 거주 중·고등학생을 대상으로-. **청소년상담연구, 13**(1), 55-69.

한재희 외 공저 (2015). **부부 및 가족상담**. 서울: 학지사.

Belsky, J. (1984). The determinants of parenting: A process model. **Child Development, 54**, 83-96.

Booth, A., & Edwards, J. N. (1980). Fathers : The invisible parent. **Sex Roles, 6**(3), 445-456.

Bronfenbrenner, U. (1989). Ecological system theory. **Annals of Child Development, 6**, 189-249.

Erikson, E. (1950). **Childhood and society**. New York: Norton.

Erikson, E. (1982). **The life cycle completed: A review**. New York: Norton.

Goossens, F. A., & Van Ijzendoorn, M. H.(1990). Quality of infants' attachments to professional care givers : Relation to infant-parent attachment and day-care characteristics. **Child Development, 61**(3), 832-837.

Lamb, M. E.(1987). **The Father's Role : Cross-cultural Perspectives**. London: Lawrence Erlbaum Associates, Publisher.

Lamb, M. E.(2004). **The Role of the Father in Child Development**.(4th ed.) New York: Wiley.

LeMasters, E. E.(1974). **Parents in Modern America**. Homewood, IL: Dorsey Press.

Levinson, D., Darrow, C., Klein, E., Levinson, M., & Mckee, B. (1978). **The seasons of a man's life**. New York: Knopf.

Parsons, T. (1955). Family structure and the socialization of the child. In T. Parsons & R. F. Bales, **Family, socialization, and interaction process** (pp. 35-131). London: Routledge.

Pleck, J. H. et Masciarelli, B. P. (2004). Paternal involvement by US resident fathers: Levels, sources and consequences. Dans M. Lamb, **The role of the father in child development**(p. 222-271). Chichester: Wiley.

Rotundo, E. A. (1985). American Fatherhood A Historical Perspective. **American Behavioral Scientist, 29**(1), 7-23.

Shawn M., & Knudson-Martin, C. (2006). Father responsibility: Couple processes and the co-construction of fatherhood. **Family Process, 45**(1), 19-37.

Snarey, J. (1993). **How fathers care for the next generation**. London: Harvard University Press.

Vaillant, G. (2002). **Aging well**. Boston: Little, Brown & Co.

Yang, J. A. (1999). An exploratory study of Korean fathering of adolescent children. **Journal of Genetic Psychology, 160**(1), 55-68.

2장

현대사회의 변화와 가족

오늘의 이야기

끝없이 펼쳐진 논, 농업이 중심이 되던 농경사회를 거쳐 산업사회가 시작되면서 사람들은 도시로 몰려들었습니다. 이제는 정보와 네트워크가 중심이 된 정보화 사회입니다. 농경사회 → 산업사회 → 정보화 사회로의 사회 변화와 가족 형태의 변화가 서로 관련이 있을까요? 이번 장의 내용을 통해 살펴보겠습니다.

현대 가족의 변화 동향

현대 가족이 변화하는 양상은 아버지 역할의 변화에도 직접적인 영향을 미친다고 볼 수 있습니다. 그래서 현대 가족이 어떠한 양상으로 변화하고 있는지 주요 특징을 아는 것이 바람직한 아버지 역할을 이해하는 데 필요하다고 여겨집니다. 자, 그러면 여기서 현대 가족의 주요한 변화의 양상을 알아보도록 하겠습니다.

첫째, 전통적 가치관과의 단절을 꼽을 수 있겠고요. 둘째, 아버지가 가장으로서의 권위, 남자로서의 권위가 축소된 점을 꼽을 수 있겠습니다. 셋째, 가족의 보호 기능과 부양 기능이 감퇴된 점, 넷째, 대가족 감소 및 부부 가족의 일반화 현상, 다섯째, 가족 규모의 축소, 즉 핵가족화, 가족에서의 독립·단독가구 증가, 여섯째, 가족 주기에 있어서의 현저한 변화 등을 꼽을 수 있습니다. 혼인 후 자녀 출산까지 기간이 단축된 점, 자녀 출산 완료부터 자녀의 결혼 시작까지 기간이 연장된 점, 자녀 결혼 기간이 단축된 점, 자녀 결혼 완료 후부터 노인 부부만 남는 기간이 연장된 점, 배우자 사망 후 혼자 생활하는 기간이 연장된 점 등이 가족 주기상의 현저한 변화에 포함되는 현상입니다.

그 외에도 일곱째, 기혼 여성의 사회활동 참여가 증대된 점. 여덟째, 이혼율 증가, 가족해체가 가족의 연대의식 및 결합력을 약화시켰다는 점. 아홉째, 다양한 가족생활 양식을 바탕으로 한 다양한 가족 유형이 증가한 점. 열 번째, 가족의 변화에 따른 다양한 가족 문제가 발생한 점 등을 들 수 있습니다(김영화, 이진숙, 이옥희, 2002; 조정문, 장상희, 2001; 조홍식 외, 2001).

가족 형태의 변화

가족 형태 변화의 큰 흐름을 먼저 살펴보면, 노부모가 장남과 동거하는 부계 직계가족에서 부모와 자녀로 구성된 부계 핵가족으로, 최근에는 지금까지의 가족 형태와 더불어 자녀 없이 부부만으로 구성된 가족, 일인 가족, 혈연을 매개로 하지 않은 가족 등 매우 다양한 가족 형태가 등장하고 있습니다(정옥분, 정순화, 2016; 한재희 외, 2015).

부계 직계가족

이 중 부계 직계가족부터 살펴볼까요? 조선 후기 이후부터 지속되어 온 형태로, 장남과 동거하는 부계 직계가족을 이상적인 가족 유형으로 여겼었습니다. 그러다 산업화·근대화 과정에서 형태상 보다 단순화되어 핵가족으로 변화되었습니다. 하지만 가계 계승 및 가족 이념은 부계가족의 특성을 갖는 부계 핵가족으로 변화했습니다. 부계 핵가족은 부권이 모권보다 강하며 부자 관계가 모든 관계의 중심으로, 며느리에서 시작되는 여성의 지위는 처음에는 상당히 미약했습니다.

부계 핵가족

부계 핵가족의 탄생 배경을 살펴보면, 1960년대부터 빠른 속도로 진행되어 온 산업화·근대화 과정을 거치면서도 가족 형태는 가계 계승 면에서는 부계가족의 형태를 유지하면서, 세대 수에서는 핵가족으로 변화하여 '가장(家長) 중심의 핵가족'으로 변화했습니다. 이후, 점차 부부 중심 또는 모자 중심 핵가족이 공존하는 다양한 형태로 발전했습니다.

가장 중심의 핵가족을 조금 더 자세히 살펴보면, 산업화·근대화 과정을 통해 가족은 외형적 형태상, 보다 기능적인 핵가족으로 변화했지만 이념이나 가치는 그대로 계승하여 실제로는 부계 직계가족의 특성이 강하게 남아있는 가장 중심 핵가족의 형태를 띠었습니다. 부부 중심 핵가족은 여성의 교육 수준 향상, 여성해방 운동의 영향으로 좀 더 평등한 형태로 변화한 것입니다.

부계 핵가족 중 마지막 형태인 모자 중심 핵가족은 근대교육을 받은 여성이 경제활동에 적극적으로 개입함으로써, 가족 내 아내의 목소리 상승에 기여했습니다. 경제적 기여를 통해 모권보다 강한 '아내권'을 갖게 된 거죠. 자본주의 발전은 핵가족화와 아내권의 신장을 가져왔고, 자녀 양육에서도 실질적인 권한을 갖게 된 것입니다. 이렇게 실질적인 권한 확보와 자녀와의 강한 유대감을 바탕으로 아내권은 가정의 중심점으로 자리 잡게 되었죠.

다양한 가족 형태 공존

현대, 우리가 살고 있는 시대에는 다양한 형태의 가족 유형이 공존하는 특징을 보입니다. 이를 일컬어, '포스트모던 가족'이라고 부르는데요. 1960년대 이후 출현한 근대 가족과는 상이한, 다양한 모습의 가족을 총칭하는 용어입니다. 한국에도 1990년대 이후 정보화·세계화 과정을 통해서 이런 가족 유형이 빠르게 유입되었죠. 앞으로는 특정 유형의 가족이 기존의 가족 유형을 대체하여 하나의 주류를 이루기보다는 다양한 형태의 '포스트모던 유연 가족(post-modern permeable family)'이 공존할 것으로 전문가들은 전망합니다(김유숙, 2016).

포스트모던 가족에 속하는 다양한 가족 유형에는 맞벌이 가족, 한부모 가족, 재혼 가족, 독신, 동성 가족, 다세대 가족, 입양 가족, 대리모 가족, 고령 부부 가족, 무자녀 가족 등이 속합니다. 서구 가족문화의 유입, 전통적 가부장제의 붕괴, 개인주의의 영향 등이 이처럼 가족 형태가 다양화되는 데 영향을 미친 것으로 보입니다. 앞으로 우리 가족은 가장 중심, 부부 중심, 모자 중심 핵가족이 근간을 이루면서 동시에 다양한 형태의 가족이 공존하는 '신가족 시대'를 맞게 될 것으로 보입니다. 이런 시대에는 다양성을 인정하면서 어떻게 건강한 가족문화를 만들어나갈 것인가가 중요한 과제가 될 것입니다.

가족 이념의 변화

전통적 가족 이념

이번에는 가족 이념의 변화를 살펴볼 텐데요. 먼저 전통적 가족 이념부터 알아볼까요? 한국의 전통적 가족 이념은 유교적 가족주의에 기반하고 있습니다. 유교적 가족주의 이념의 중심축은 개인이 아닌 집 또는 가문이 되는데, 부자 관계에서는 효를, 부부관계에서는 부부유별을 강조하고 있죠.

근대적 가족 이념

도구적 가족 이념

이후 근대적 가족 이념으로 넘어가게 되는데, 근대적 가족 이념 중 도구적 가족 이념을 먼저 살펴볼까요? 도구적 가족 이념은 역할분화이론에 기초하여 남녀의 역할 분담이 뚜렷했습니다. 핵가족 내의 보편적 역할이 남편은 '생계 유지자', 아내는 '자녀 양육 및 가사 담당자'로 대체로 고정되어 있었습니다.

이러한 형태의 가족은 부부보다 자녀가 가정의 중심입니다. 자녀의 뒷바라지를 위한 직업적 성공이 중요한 의미를 갖기 때문에 아버지는 생계 부양자로서의 역할에 치중한 결과, 부부간 친밀한 애정관계 형성에는 실패할 확률이 높습니다. 부의 축적에 몰두하느라 서로의 생활영역이 판이하게 구분되게 되고 이에 따라, 애정적으로는 거의 별거 상태라고 할 수 있죠. 때문에 황혼이혼이 급증하기도 하는데요. 이 같은 황혼이혼 증가 현상을 늦게나마 도구적 가족 이념으로부터 탈피하고자 하는 욕구의 반영이라고 보는 견해도 있습니다(김영화, 이진숙, 이옥희, 2002; 조정문, 장상희, 2001; 조흥식 외, 2001).

정서적 가족 이념

정서적 가족 이념은 도구적 가족 이념에 대한 보상심리로서 강조되기 시작했습니다. 급격한 사회 변화에 따른 인간 소외 현상이 심화되어 안정감과 소속감을 중시하는 정서적 욕구는 더욱더 강화되었죠. 도구적 가족 이념과는 달리 부부가 가정의 중심이고 일보다 여가나 취미가 강조되는 동반자적 부부관계에 의미를 두게 된 거죠. 자녀를 위한 희생과 헌신도 중요하지만 동시에 자신들의 관계도 중시하죠.

이 시기에 결혼의 중요한 동기는 사랑이고 주요 혼인 형태는 연애결혼입니다. 가정은 가족 구성원의 정서적 교류의 장이고 가족 구성원이 정서적 안정을 얻을 수 있는 편안한 안식처로 인식되었습니다. 외부 세계에서 경험하는 긴장을 '나의 집'에서 해소하고자 하는 '마이홈 이데올로기'로 발전한 것이죠. 돌아가 쉴 수 있는 편안한 고향과 같은 이미지의 가정이 중요시되었습니다.

정서적 가족 이념의 부부관계는 평등한 관계를 지향합니다. 하지만 남성은 도구적 역할을 담당하고 돌아와서 편안하게 쉴 수 있는 공간으로 만드는 표현적 역할은 여성의 몫으로 구분되었고 낭만적 사랑을 강조한 '사랑받는 아내', '성공하는 남편'이라는 '현모양처 이데올로기'로 발전한 것이 이 시기의 한계라 볼 수 있습니다.

탈근대적 가족 이념

현대, 우리가 살고 있는 시대의 가족 이념은 이전 시대의 근대적 가족 이념에서 벗어난 '탈근대적 가족 이념'이 지배적이라 볼 수 있습니다. 이렇다 할 뚜렷한 이념으로 특징지을 수 없는 다양한 가족 이념이 혼재하는 것이 특징이죠. 다시 말해, 전통적 가족 이념과 근대적 가족 이념, 다양한 탈근대적 이념이 혼재된 상태라고 볼 수 있습니다. 근대사회의 가치와 상반되는 특징을 보이는데요. 몇 가지 주요 특징을 꼽아보면, 첫째는 부부관계의 불안정성이 특징입니다. 낭만적 사랑 대신 합의적 사랑(consensual love), 즉 서로 조건이 맞으면 결혼하고 조건이 안 맞으면 다시 헤어지는 그런 관계가 중심이 되는 특징을 보이죠. 실용적이고 현실적인 사랑이 특징인데요. 역시 서로 뭔가 도움이 되고 득이 되어야 결혼 관계가 이어지는 그런 특징을 보입니다. 이는 최근의 높은 이혼율과 직결된다고 볼 수 있죠. 여러 상황적 요인에 따라 가변적인 속성을 가지고 있으므로 결혼의 안정성도 감소한 것이 특징입니다(정옥분, 정순화, 2016; 한재희 외, 2015).

탈근대적 가족 이념의 두 번째 특징은 역할의 탈분화(de-differentiation)입니다. 성 역할과 직업적 역할에서 경계가 뚜렷하게 구분되지 않는 걸 말하는 거죠. 과거에는 이것은 여성의 역할, 저것은 남성의 역할, 이렇게 구분되어 있었고요. 또 직종에서도 이건 주로 여자의 직업, 저건 주로 남자의 직업, 이런 식으로 구분이 비교적 명확했었습니다. 그러나 오늘날에는 이러한 구분이 불분명해졌죠. 여러 직종에서 전통적인 성 역할 구분이 사라진 거죠. 가족 내에서 분담하는 역할 구분도 모호해졌습니다. 일터와 가정의 구분도 무너졌습니다. 이 같은 가정과 직장 간의 개방성은 자녀에게 불안감을 조성하기도 합니다.

탈근대적 가족 이념의 세 번째 특징은 소비 지향성인데요. 신세대 부부의 소비수준은 높아질 대로 높아져, 거의 대부분의 신세대는 자신이 벌 수 있는 돈보다 더 많은 돈을 필요로 합니다. 즉 지출이 수입보다 많은 젊은 부부가 많다고 합니다. 그 결과, 소비 지향적 가치관은 정서적인 가치관, 관계를 중요시하는 가치관보다 우위에 있게 되었죠. 따라서 사랑 없이는 살 수 있지만, 경제적 능력이 없이는 같이 살 수 없는 상황이 된 것이 특징이라고 볼 수 있어요.

가족 가치관의 변화

이번에는 가족 가치관의 변화를 살펴볼 텐데요. 먼저 결혼관의 변화부터 알아볼까요? 크게 보이는 변화는 혼인율 감소, 초혼 연령 상승, 이혼율 상승입니다. 혼인율과 초혼 연령 상승에 대해 상세히 살펴볼까요?

결혼관

혼인율이 점차 감소하는 특징을 보입니다. 혼인을 필수적인 것으로 생각하기보다는 선택적인 것으로 생각하는 사람이 점차 증가하고 있는 추세인 거죠. 말하자면 '결혼은 선택, 직업은 필수'인 것이죠. 또한, 초혼 연령이 상승하는 추세를 보입니다. 초혼 연령이 상승하는 현상은 개인적 성취나 자유를 중요시하는 경우, 혼인 연령은 늦어지는 경향이 뚜렷이 드러나는 것에 기인한다고 볼 수 있습니다. 산업화, 교육 수준 향상 등의 사회적 요인도 결혼연령 결정에 영향을 미치고 있습니다. 최근의 만혼 현상은 여성의 교육 수준 향상과 직업적 성취에 대한 욕구를 반영한 결과라 볼 수 있을 것입니다(김영화, 이진숙, 이옥희, 2002; 김유숙, 2016; 정옥분, 정순화, 2016; 조정문, 장상희, 2001; 조흥식 외, 2001; 한재희 외, 2015).

자녀관

자녀관 또한 변화하였습니다. 자녀관의 변화는 자녀 출산은 선택의 문제, 자녀 수 감소, 출생 성비 균형으로 요약할 수 있겠습니다. 각각을 좀 더 자세히 살펴보면, 결혼 이후 자녀 출산이나 양육은 필수가 아닌 선택의 문제로 인식하는 경향으로 변하고 있습니다. 끊임없는 의사결정과 상호 간 합의를 필요로 하는 과정으로 여기는 것이죠. 희망 자녀 수는 현저하게 감소하고 있는데요. 경제적 요인 등 여러 요인이 복합적으로 영향을 미친 결과입니다. 자녀 양육에 소요되는 비용 증가, 맞벌이 증가, 어린이집 부족, 직업적 성취, 여가생활의 방해 등의 이유로 인해 출산율 자체가 감소하는 경향을 보입니다. 출생하는 어린 자녀의 성비가 남녀 균형을 이루는 추세로 변화하는 것도 특징입니다.

가족부양관

가족부양관도 변화를 겪고 있는데요. 기존의 '효' 규범의 가치가 퇴색하고 모권보다 강한 아내권이 등장했습니다. 여성 취업률의 상승이 가족 부양관에 가장 큰 영향을 미치는 요인으로 작용하는 것으로 보입니다. 여성이 가족 내에서 보다 많은 권한을 갖게 됨에 따라 가장 먼저 권리 주장을 한 부분은 가족부양과 관련된 부분으로 불편한 고부 관계, 시댁 가족과의 관계로부터 가장 먼저 벗어나고자 했습니다.

쉬어가기

요즘 청소년은 어떤 고민을 할까요?

<공부와 성적>

'점수 잘 받으려면 어떻게 공부해야 하지?'

통계청과 여성가족부에서 발표한 '2015 청소년 통계'에 따르면, 13~19세 청소년 중 절반은 '성적과 적성을 포함한 공부' 문제를 가장 많이 고민하는 것으로 나타났습니다. 안타깝지만 공부를 잘하는 방법은 스스로 터득해야 할 문제입니다. 다만, 부가 성적에 대해 과도한 기대를 할 경우, 자녀는 이에 스트레스를 받아 공부 자체에 흥미를 잃기도 합니다.

<꿈과 진로>

'나는 어떤 일을 하고 싶을까?'

다양한 결정은 훗날 대학 진학 여부뿐 아니라 직업이나 이후 삶의 모습을 바꿀 수 있는 중대한 선택으로 여겨집니다. '2014 청소년 통계'에 따르면 13~24세 청소년이 선호하는 직장 1위는 공공기관, 2위는 대기업으로 조사되기도 했습니다.

<외모와 건강>

'나는 왜 이렇게 뚱뚱하지?'

요즘 청소년들은 외모에 신경을 많이 씁니다. 무리한 다이어트로 건강을 해치는 청소년들도 많습니다. 10대 청소년의 57.6%가 체형에 대한 불만족으로 다이어트를 시도한 적이 있다고 밝혔습니다. 성장기에 있는 청소년의 무리한 다이어트는 영양 결핍뿐 아니라, 빈혈, 생리불순, 성장부진 등을 일으킬 수 있어 더욱 유의할 필요가 있습니다.

<경제적 어려움>

'그놈의 돈 때문에….'

청소년들이 경제적인 이유로 힘들어하는 것은 '돈' 그 자체 때문은 아닙니다. 가계 상황이 나빠지면서 부모의 부부관계가 안 좋아지는 것이 아이를 더욱 불안하게 만들죠.

<무기력과 우울감>

'아무것도 하고 싶지 않아.'

2014년 실시한 '청소년 건강에 대한 인식과 실태조사'에 따르면 청소년의 30%가 최근 한 달 동안 심한 우울감을 경험한 적이 있다고 답했습니다.

대화가 필요해

우리 아이는 이 중 어떤 고민을 하고 있을까요? 아이의 고민을 알 수 있는 가장 좋은 방법은 대화입니다.

출처: 대한민국 여성가족부 블로그 '가족사랑'
http://blog.naver.com/mogefkorea/220874596530
"청소년기 자녀가 있는 아버지 양육가이드북" - <함께 행복한 아빠 되기>

가족 기능의 변화

현대사회에서 가족 기능의 변화 방향을 살펴보면, 자유로운 성 의식 확산의 영향으로 인해 가족이 갖는 성적 욕구충족을 위한 기능은 전반적으로 약화되어 왔다는 점을 들 수 있어요. 또한, 자녀 출산 및 양육 기능도 약화되고 있죠. 산업화의 영향으로 가족과 일터가 분리됨에 따라 가족의 생산기능은 약화되었고, 소비 기능은 강화되었습니다. 이후 정보화 사회의 진입으로 인해 가족의 학업적, 인성적 교육의 기능과 사회화 기능은 사회로 이양되어 이 또한 약화되고 있죠. 최근, 사회 전반적으로 경로사상이 약해지고 있고 핵가족화의 영향으로 노인 부양을 통한 보호 기능 또한 약화되고 있습니다. 종합적으로 볼 때, 전반적인 가족 기능이 점차 약화되어 왔음을 알 수 있습니다.

가족 변화의 추이

변화의 속도 차

가족 변화의 추이 중 변화의 속도 차를 먼저 살펴볼까요?

변화의 외형적 진행속도는 빠른 데 비해, 가족 이념 및 가치관 같은 내면적 변화의 방향은 하나의 구심점이나 합의점을 찾지 못한 채 서로 뒤섞여 혼돈 상황이 빚어지고 있습니다. 이 같은 겉과 속의 변화 속도 불일치로 인한 지체 현상의 예로는 가족제도의 변화 대 사회제도의 변화 간 지체 현상이 있습니다. 즉 사회는 급변하고 있는데 반해, 가족은 천천히 변화함에 따라 가족이 이러한 사회구조의 변화에 적절히 적응하지 못하게 되는 지체 현상이 발생합니다. 이는 이혼율, 청소년 비행, 세대 간 갈등을 증가시키는 결과를 낳기도 합니다.

변화 속도 불일치로 인한 지체 현상 중 두 번째는 가족 자체 내의 구조 대 가족 이념 간 지체 현상인데요. 겉으로 보는 외형적 구조상으로는 서구의 부부 중심 가족과 유사한 핵가족의 형태를 띠지만, 그 안을 들여다보면 전통적인 가부장적 이데올로기의 가족 이념에 의해 영향받고 있어서 안과 밖이 서로 불일치를 보이는 거죠. 이런 경우, 가족 갈등의 원인이 될 수 있습니다.

변화의 세대 차

가족 변화 추이 중 변화의 세대 차를 살펴보겠습니다. 가족 이념과 가치관에서 나타나는 연령별 수용 정도의 차이가 큽니다. 즉 조부모 세대는 전통적 가족 이념을 고수하는 반면, 부모 세대는 핵가족 형태로 생활하면서 근대적 가족 이념을 고수하고 있습니다. 이와는 또 다르게, 자녀 세대는 다양한 가족 형태와 동시에 탈근대적 가족 이념을 지향하는 상태이죠. 이들 간의 차이가 뚜렷하여 이들이 지향하는 가족 가치관에서도 차이가 큰 것이 가족원 간 갈등 유발의 요인으로 작용하고 있으며, 세대 간 합의점을 찾지 못해 일종의 아노미(anomie) 현상으로 보이기도 합니다.

변화의 성 차

대학생 중심의 한 연구에서 남학생은 전통적 가치에 대해 좀 더 유보적인 반면, 여학생은 이를 거부하는 경향이 두드러지는 것으로 나타나, 문화적 다양성에 민감한 대학생조차도 전통적 가족 의식에서 자유롭지 못한 것으로 드러났습니다(옥선화 외, 2000). 남녀 간 이러한 차이는 결혼 후 가족생활에서 상호 간 역할기대와 수행에서의 불일치 초래 요인으로 작용하여, 가족 내 갈등 심화, 응집력 약화를 가져오는 원인이 되고 있습니다. 또한, 여성은 변화했는데 반해 남성은 변화하지 않는, 즉 여성의 변화 속도는 빠른 데 비해 남성은 이를 따라가지 못해 서로 간의 가치관 차이로 인한 높은 이혼율과 가정불화의 형태로 갈등이 드러나고 있습니다.

가족 역할의 변화와 관련된 문제

가족 역할의 변화와 관련된 문제가 드러나고 있는데요. 그러한 문제의 몇 가지 측면을 알아보겠습니다. 전통적 가정에서는 남녀 역할이 엄격하게 구분되어 있고, 각자 맡은 바 역할에 충실할 때 가정이 원만해진다는 믿음이 있었습니다. 그러나 최근 들어 이 관점은 가정 불화의 씨앗이 되고 있는 실정이죠(김유숙, 2016).

1987년 남녀고용평등법 제정과 여성의 인권 및 권익 향상에 대한 제도적 정비를 시작으로 1991년 영유아보육법, 1994년 성폭력 특별법, 1995년 여성발전기본법, 1997년 가정폭력방지법, 1999년 남녀차별금지법, 2004년 성매매방지법, 2005년 호주제 폐지, 2015년 간통제 폐지에 이르기까지 가족 역할의 변화와 관련된 법안의 제정과 제도적 정비가 이어져 왔습니다. 여성은 이 같은 역할 변화를 적극적으로 받아들이는 데 반해, 남성은 변화의 수용에 소극적인 것이 현대 가족 문제에 많은 불씨가 되고 있습니다.

부부관계

가족 역할의 변화와 관련해 부부관계의 문제를 먼저 살펴보면, 전통사회는 여성에 대한 남성의 통제·억압을 특징으로 하는데요. 한마디로 가부장적 권위주의라고 할 수 있죠. 이에 반해, 현대사회는 산업사회의 변화로 인한 물질적 풍요와 더불어 여성해방운동 및 교육을 통한 여성의 의식 수준 향상과 사회진출의 영향으로 자유와 평등의 가치가 강조되어 왔습니다.

남편과 부인의 의식 격차 측면을 살펴보면 남편은 가부장적 가족의식을 갖고 있는 반면, 부인은 평등적 가족의식을 가지고 있어 한국 가족의 여러 문제를 초래합니다. 표면적으로는 금전관리, 자녀교육 관련 결정 등 부인의 권한이 강화된 것처럼 보이나 내면적으로는 남편이 아내를 지배·통제하려는 전통적인 관계가 그대로 존재하여, 불안정한 부부관계의 원인으로 작동하고 있고, 이는 가정폭력 등의 문제의 씨앗이 될 수도 있습니다.

하지만 부모 세대의 부부관계와 달리 신세대는 절대적 평등의 동반자적 관계를 추구하고 있습니다. 이렇게 현재 한국 가족의 부부관계는 과도기적 혼돈의 상황입니다. 급증하는 이혼율, 독신율 증가 등이 혼돈의 상황을 보여주고 있습니다.

부모 자녀 관계

가족 역할의 변화로 인해 발생할 수 있는 문제 중에 부모 자녀 관계에서 발생할 수 있는 문제로는 자녀에 대한 부모의 권위가 약화된 점을 들 수 있습니다. 이는 부모 자녀 간 상호작용이 감소하고, 가정 내 교육보다 가정 밖의 전문기관에 의존하는 비율이 상승한 것이 원인이라 볼 수 있습니다.

상담 현장에서 문제행동을 가진 청소년과 이야기를 나눠보면, 그들이 그리는 가족상의 특징을 몇 가지 유형으로 꼽을 수가 있어요. 예를 들면, 첫째, 대인관계의 어려움을 가진 청소년이 그리는 가족상은 가부장적 가족인 경우가 많아요. 다시 말해, 아버지가 가정 내에서 매우 권위주의적이고, 말이 별로 없고, 혼자 마음대로 하는 '독불장군' 특징을 보이고, 다른 가족원은 불만이 있어도 조용히 아무 말 못 하는 그런 분위기, 즉 '권위주의적인 아버지로 인한 긴장'이 주요 주제인 경우가 많습니다.

두 번째 예는 등교 거부의 문제를 가진 청소년의 예인데요. 이 경우엔, 아버지상의 권위가 무너진 것과 관련되는 경우가 많습니다. 이런 경우를 '희박한 아버지의 모습', '아버지상의 부재'라고 표현을 하는데요. 아버지가 직장 일로 바빠서 일찍 나가시고 밤에 늦게 들어오셔서 얼굴 볼 시간도 별로 없는 물리적인 부재도 물론 포함되지만, 아버지가 집에 있는 시간이 많더라도 자녀의 일이나 가정 일에 관여 내지는 참여를 하지 않고 자녀들과 상호작용을 하지 않는 그런 경우도 포함되는 개념입니다. 이 같은, 아버지상의 부재는 청소년의 폭력 및 따돌림의 문제와 관련이 깊은 것으로 나타나고 있습니다(김영화, 이진숙, 이옥희, 2002; 김유숙, 2016; 정옥분, 정순화, 2016; 조정문, 장상희, 2001; 조홍식 외, 2001; 한재희 외, 2015).

아버지 역할 부재

이 같은 아버지 역할 부재의 원인을 전문가들은 다음과 같이 설명합니다. 과거에는 성 역할이 뚜렷하게 분화되어 있었지만 현재는 역할을 공유하는 경우가 많아진 것이 특징인데, 이 같은 변화에 여성에 비하여 남성의 변화 속도가 느린 경우가 많은 것이 원인이라고 볼 수 있습니다. 다시 말하면, 현대사회는 빠른 속도로 변화하면서 아버지 역할, 어머니 역할의 구분이 모호해지면서 역할을 공유하는 추세로 가고 있는데, 아버지는 현대사회에 적합한 아버지 역할 준비가 부족하여 자녀 양육 및 지도에 무관심하거나 아내에게 모두 위임하거나 자녀에 대한 관심을 자녀를 통제하고 속박하는 것으로 드러내어 부정적인 결과를 초래하는 경우가 많습니다. 예를 들어, 폭군 같은 아버지, 존재하지만 실제적 영향력은 없는 무력한 아버지, 문제를 일으켜서 자녀가 보호하고 뒤치다꺼리해야 하는 미숙한 아버지, 가족원에게 왕따 당하는 아버지가 증가하고 좋은 아버지 모델을 찾기 어려운 것이 현실입니다(한재희 외, 2015).

가족 문제 대처 방법

이 같은 가족 문제에 대처하는 방법에 대해 현장 전문가는 다음과 같이 말합니다. 한국 사람은 가족 문제 발생 시, 처음부터 전문가의 도움을 요청하는 경우가 적고 참고 견디다가 묵혀서 오는 경우가 많다고 합니다. 부부 문제는 자녀 문제보다 우선순위에서 밀려서 참고 싸우고 설득하고 모든 방법을 사용한 뒤 전문가에게 도움을 요청하는 경우가 많고요. 남성과 여성이 문제 인식 및 대처 방법의 차이를 보이는 경우가 많은데요. 남성은 집안 문제가 발생하는 것이 가장이 무능하고 집안을 잘 다스리지 못하기 때문으로 인식하여 외부 도움 요청하는 것을 수치스럽게 여기거나 남성으로서의 체면이 깎이는 행동으로 간주하는 경우가 많습니다(한재희 외, 2015).

특히, 내향적 남성은 부정적인 감정을 음주, 흡연으로 해소하거나 회피하고 참는 방법을 많이 사용하며, 여성은 참거나 억압, 역술가 방문, 종교적인 방법으로 해결하거나 가무 활동 등으로 해소하기도 합니다. 대다수의 남성은 아내나 어머니의 권유로 가족 상담실에 오고 상담에서도 소극적이고 방어적인 경우가 많은 것이 특징입니다. 가족 상담 실무자는 가족원 중 남편이 상담에 참여하는 경우, 문제 해결이 더 희망적이라고 전망합니다.

오늘의 점검

앞서 사회의 변화와 가족 형태의 변화에 관해 질문을 드렸습니다. 이 장을 읽으며 답을 찾으셨나요? 현대 가족의 변화와 자신의 남편, 아버지로서의 역할의 변화를 생각해 보셨습니까?

Q. 현대 가족에서 변화하는 부부간 역할과 관련지어 생각해 볼 때, 나는 가정 내에서 남편의 역할, 아내의 역할이 무엇이라고 생각하는지 적어보세요. 아버지의 역할, 어머니의 역할이 무엇이라고 생각하는지도 적어보세요.

1. 현대 가족에서 변화하는 부부간 역할

남편의 역할:

아내의 역할:

2. 현대 가족에서 변화하는 부모의 역할

아버지 역할:

어머니 역할:

참고문헌

김영화, 이진숙, 이옥희, (2002). **성인지적 가족복지론**. 서울: 양서원.

김유숙 (2016). **가족상담(3판)**. 서울: 학지사.

옥선화 외 (2000). **결혼과 가족**. 서울: 하우.

정옥분, 정순화 (2016). **결혼과 가족의 이해**. 서울: 학지사.

조정문, 장상희 (2001). **가족사회학**. 서울: 아카넷.

조흥식 외 (2001). **가족복지학**. 서울: 학지사.

한재희 외 (2015). **부부 및 가족상담**. 서울: 학지사.

3장

청소년 이해하기 (1)

오늘의 이야기

새벽 1시가 넘어가도록 친구와 메신저를 주고받은 유주, 결국 알람이 세 번 울리도록 깨어나지 않는군요.

엄마: 일어나! 일찍 일찍 자랬지?

잊지 않고 부모님의 잔소리가 이어집니다. 눈곱 겨우 떼고 나간 아이의 방에는 쓰레기가 산더미, 부모님은 한숨을 쉽니다. 잔소리 몇 마디에 아이 방문이 쾅 닫히고, 이어지는 고함 소리….

유주: 엄마 아빠가 뭘 알아?

부모님은 충격에 휩싸입니다. 아이가 낯설고 아이에게 어떤 변화가 일어나고 있는지 도통 알 수가 없습니다.

청소년기 아이의 변화, 원래 안 그러던 아이인데 나쁜 친구를 사귀어서 그럴까요? 마음을 가라앉히고 이 장을 읽으면서 답을 찾아봅시다.

이번 장에서는 뇌의 변화, 충동성, 잠, 신체의 변화—흐느적 널브러져 지내는 10대에 관한 이야기를 나누어볼 것입니다. 이번 장을 통해 여러분은 청소년기에 일어나는 다양한 변화를 현대 의학에서 밝힌 뇌의 변화와 관련하여 이해할 수 있게 될 것입니다.

뇌의 변화

뇌의 기능 향상을 위한 대대적인 공사

댁에 있는 사랑스러운 우리 10대 자녀는 어떤가요? 사춘기·청소년기가 되니까 과거에는 안 하던 이상한 행동이나 특징을 많이 보이죠? 왜 그럴까요? 과거에는 청소년기에 일어나는 혼란, 예를 들면 충동성이 높아지는 것, 감정 기복, 화가 나거나 짜증이 증가하는 것, 정서적인 불안정, 이런 것이 전적으로 호르몬 때문이라고만 알고 있었는데요. 오늘날은, 현대의 첨단 의학기술[예: 기능성 자기공명영상(fMRI), 양전자방사단층촬영(PET)] 덕분에 청소년이 어떤 생각을 할 때 뇌의 어느 부위를 사용하는지 알게 되었습니다.

청소년기가 진행되는 과정 동안, 청소년의 뇌에서는 어떤 대대적인 공사에 견줄 수 있는 커다란 변화가 일어난다는 단서를 밝힌 것입니다. 일종의 뇌기능 업그레이드를 위한 대대적인 공사가 진행된다고 볼 수 있는데요. 이러한 뇌에 대한 정보가 밝혀지면서 청소년의 뇌에서 일어나는 변화 중 일부는 호르몬의 변화와는 전혀 관련이 없음을 알게 되었습니다. 그렇다면 이는 무엇 때문일까요?

청소년의 뇌에서는 기능 향상을 위해서 대대적인 공사가 진행 중인데, 이로 인해 이전까지는 별일 없이 잘 돌아가던 뇌 시스템이 이 작업으로 인해 일시적 혼란을 빚게 되는 거라고 볼 수 있습니다(Natalie Levisalles, 2009; Sheryl Feinstein, 2007). 집을 오래 사용하다 보니 낡고 좁아져서 좀 더 오래, 그리고 공간을 좀 더 효율적으로 쓰기 위해서 구조변경을 하거나 리모델링을 하는 경우를 상상하시면 조금 더 이해가 쉬우리라고 생각이 듭니다. 리모델링 공사가 한창 진행 중일 때, 내부를 보면 정신없고 혼란스럽죠? 하지만 공사가 끝난 뒤에는 전보다 집안의 공간을 좀 더 효율적이고 편리하게 사용할 수 있죠. 이것이 청소년기의 이해할 수 없는 이상한 행동이 나타나는 부분적인 이유라고 볼 수 있습니다. 이러한 무질서 상태, 무균형 상태가 반드시 부정적 영향을 미치는 것만은 아니고 청소년의 변화에 대한 개방성에 기여하게 되는 것이기도 합니다.

시냅스의 전정

청소년의 뇌에서 일어나는 업그레이드 공사 중 하나가 시냅스의 선택적 가지치기(전정, 剪定)인데요. 신경과학자는 청소년의 의사결정과 행동 통제에 관련된 일을 담당하는 뇌 구역인 전두엽에서 뚜렷한 변화가 생긴다는 사실을 입증하였습니다. 그중 하나가 선택적 가지치기 현상인데요. 추론에 의하면 선택적 가지치기라는 것은 뉴런(신경세포) 사이에 있던 사용하지 않는 시냅스 연결망이 제거되는 현상을 말합니다(Natalie Levisalles, 2009; Sheryl Feinstein, 2007).

태아 단계 때부터 아동기까지는 유전적 프로그램에 의해서 뇌를 구축하는 단계라고 볼 수 있어요. 그래서 세상에 태어날 때 우리는 각자 자신이 가질 수 있는 뉴런의 최대치를 이미 갖고 태어납니다. 임신 6개월까지 모두 만들어진 뉴런은 이후에는 연결망만을 더 만들 뿐 더 이상 개체 수를 늘리지는 않는다고 합니다. 이러한 연결망을 '시냅스'라고 하는데요. 청소년기에는 이러한 시냅스 증가 속도가 변화한다는 것입니다. 시냅스가 폭넓게 만들어지고 또한 동시에 엄청난 가지치기를 하게 된다고 해요. 가지치기는 시냅스의 수가 최대치를 이루는 아동기 말부터 시작이 되어서 25세 정도쯤에 마무리가 된다고 하는데, 가지치기를 한다는 것은 '사용하지 않는 정보는 중요하지 않은 것으로 여겨져 사라진다'는 것을 의미하는 거라 볼 수 있어요. 다시 말해서 뇌가 '선택'을 시작했음을 의미하는 거라고 볼 수 있는 거죠. 자주 사용하는 연결망은 그대로 유지되지만 사용하지 않는 연결망은 제거되는 거라고 볼 수 있는데요. 쓰지 않는 것은 없애버리고 좀 더 효율적인 시냅스망을 구축하는 거라고 볼 수 있죠. 그럼 여기서 우리는 시사점을 하나 얻을 수 있겠네요. 우리 청소년은 나중에 더 유용하게 쓰이게 될 것에 더 많은 시간과 노력을 들여야 함을 의미하는 것일 수도 있겠습니다. 또한 자주 사용하지 않는 신경망은 제거되니까 너무 특정 뇌만 편파적으로 사용할 경우, 사용하지 않는 시냅스망은 도태됨을 의미하는 거죠. 이는 다시 말하면, 청소년이 그들의 뇌를 골고루 발달하도록 하려면 다방면의 뇌를 골고루 자극해주어야 한다는 것을 의미하는 것일 수도 있습니다.

대뇌백질(미엘린) 증가

청소년기 뇌에서 일어나는 업그레이드 공사 중 또 다른 특기할 만한 변화는 '미엘린'이라고도 불리는 대뇌백질의 증가인데요. 미엘린은 '수초'라고도 하죠. 이는 축삭돌기를 둘러싸고 있는 막을 구성하는 흰색 단백질 부분을 말합니다. 이는 뉴런과 뉴런을 격리시켜 주는 역할을 하여 뉴런의 전기신호를 빠르게 전달하도록 해주는 절연체 역할, 다시 말해, 전선의 피복 역할을 하는 것입니다(Natalie Levisalles, 2009; Sheryl Feinstein, 2007). 이 백질의 미엘린 수초는 나이가 들어감에 따라 계속 두꺼워져서 50세 무렵 최대치에 이릅니다. 판단과 충동을 조절하는 뇌의 구역인 전두엽에서 남녀 아이의 미엘린 형성 속도의 차이가 나타나는데요. 남아의 미엘린의 형성이 더디기 때문에 여아보다 더 늦게까지 충동적인 행동을 보이게 됩니다. 미엘린 형성이 느린 남자아이는 30세 이전에 여아를 따라잡기 어렵다고 하죠. 이는 여아가 철이 훨씬 일찍 드는 이유입니다. 나이 어린 여성 운전자가 동일한 연령대의 남성 운전자보다 사고율이 훨씬 낮은 것도 좋은 예라고 할 수 있습니다.

이 같은 남녀 간 속도 차를 감안하더라도 청소년기에 남녀 공히 미엘린 수초는 전보다 더 빠르고 효율적이 됩니다. 이는 여러 뇌 구역 간의 교류를 고속도로처럼 쉽게 만들어 주죠. UCLA 대학의 조지 바르트죠키스(George Bartzokis) 교수는 이를 일컬어, "우리가 지혜라고 부르는 것은 미엘린 수초의 형성이 최대치에 이른 상태이다." 라고 말하기까지 했습니다.

MRI(자기공명영상)를 찍어보면, 뇌는 모든 구역이 동시에 성숙하지 않습니다. 기초적인 기능과 관련된 구역부터 먼저 발달하는데요. 운동 및 감각 관련 구역이 먼저 발달하고, 공간 감각, 언어 능력, 집중력 관련 구역인 측두엽과 두정엽이 그다음에 예측, 협력, 공감, 통제, 평가, 계획, 감정 조절, 농담의 이해 등과 관련된 구역인 전두엽 순으로 발달합니다. 다시 말해, 가장 마지막에 발달하는 바로 이 전두엽이 우리를 이성적인 존재, 철든 사람, 사회생활에 적합한 개인으로 만들어 주는 것이죠.

충동성

위험으로의 견딜 수 없는 이끌림

나탈리 르비잘레스(Natalie Levisalles)와 셰릴 파인슈타인(Sheryl Feinstein)은 사춘기에 나타나는 '과격함, 흥분, 위험 추구 경향성'과 같은 위험에 견딜 수 없이 이끌리는 현상에 대해 다음과 같이 설명하고 있습니다(Natalie Levisalles, 2009; Sheryl Feinstein, 2007). 어린 시설엔 하지 못하도록 상대적으로 제한되어 있던 위험한 일을 의식적으로 옮기는 시기로 성인이 행하는 의식적으로 계산된 위험 행동과는 차이가 있습니다. 이 시기의 위험 행동은 강한 강도, 격렬함, 짜릿함, 긴장감이 높으며, 위험 수준도 가늠되지 않고, 죽음에 대한 계산도 없는 것이 특징입니다. 따라서 감시한다는 느낌은 주지 않으면서 어른의 끊임없는 모니터링이 필요합니다.

이 시기에 위험 행동을 하는 이유 중 하나는 흥분을 추구하기 위함 자체인데요. 위험 행동의 결과로 심박수 상승, 아드레날린 수치 상승, 긴장감 고조가 일어나게 되는데, 이를 통해 '살아 있다'는 느낌을 강렬하게 느끼게 되는 것입니다. 이때 아드레날린이 발산되어 흥분을 느끼게 되는 것이죠.

위험 행동에 남녀 차가 있는데요. 여자아이는 말이나 행동으로 충동을 표출합니다. 이를테면 염치없고 건방진 말과 행동으로 표출됩니다. 서양의 경우라면 담배나 약국에서 파는 환각제를 주로 이용하는 정도죠. 남자아이는 여자아이보다 육체적인 위험 행동을 실행하는데, 음주나 환각성 약물을 남용하는 등의 위험 행동을 합니다. 위험 행동은 보통 13세가량에 시작해서 17세가량이 되면 절정에 다다르고, 성인이 되면 사라지는데, 이 나이 때 위험한 행동을 전혀 하지 않는 게 반드시 좋은 것만은 아닙니다.

대외변연계

청소년기에 보이는 두드러진 특징 중의 하나가 충동성이죠? 청소년기의 충동성은 대뇌변연계라는 뇌의 영역 때문인 것으로 일부 설명할 수 있다고 합니다. 이른바, '파충류의 뇌'라고 불리는 뇌간과 소뇌만 가진 작은 짐승과 우리 인간을 다르게 만들어 주는 뇌의 영역인데요. 대뇌변연계에 속하는 영역 중에서 다음 네 가지 영역을 잠시 기억해 두시기 바랍니다. 기억력과 관련된 부분인 해마, 불안 및 공포와 관련된 부분인 편도체, 동기부여 및 쾌락에 관련된 부분인 복측피개 영역과 중격측좌핵. 이 네 영역을 꼭 기억해 두세요. 그리고 두 가지 신경전달물질인 도파민과 세로토닌이 이 대뇌변연계에서 중요한 기능을 한다는 것도 기억해 두시기 바랍니다. 도파민이라는 신경전달물질은 욕구나 쾌락과 관련해서 우리의 기분을 변화시키고 쾌락 추구, 고통 회피에 중심적 역할을 하고요. 세로토닌은 만족, 억제 작용에 관련해서 기분이나 식욕, 고통 조절에 영향을 미치는 신경전달물질입니다(Natalie Levisalles, 2009; Sheryl Feinstein, 2007).

학자들은 청소년이 아직 많은 것을 통제하지 못하는, 성숙해가는 과정에 있는 '덜 성숙한 뇌' 즉 성숙해가는 과정에 있는 뇌를 갖고 있으며 이러한 뇌로는 지각 있는 결정을 내리거나 자신의 행동이 미치게 될 장기적인 영향을 헤아리는 것이 생물학적으로 불가능하다는 것을 입증했습니다. 이는 청소년기에 보이는 '충동성'을 일부 설명한다고 볼 수 있습니다.

이러한 발견을 근거로, 미국 대법원에서는 결국 청소년은 '어른에 비해 죄에 대한 책임이 덜 하다'고 판결을 내리게 되었고요. 또한 청소년에게 사형을 선고해서는 안 된다고 주장하게 되었죠. 2005년 3월, 미성년자에 대한 사형제도가 위헌이라는 대법원판결이 내려지게 되는 근거가 되기도 했습니다.

그 외에도 하버드대의 신경심리학자, 드보라 유어겔런-토드(Deborah Yurgelun-Todd) 교수는 어떤 특정한 실험을 통해서 다음과 같은 사실을 밝혔는데요. 아이(청소년보다 좀 더 나이가 어린 아이)나 청소년은 이 실험 상황에서 편도체를 더 많이 사용하였고요. 나이가 더 많은 성인은 편도체를 덜 사용하고 반대로 판단과 관련된 뇌 영역인 전두엽을 더 많이 사용하였다는 것을 밝혔습니다.

미, 국립보건원 생물학자, 제임스 비요르크(James Bjork) 교수는

MRI를 이용한 연구 결과에서 청소년은 성인보다 중격측좌핵의 활동이 더 둔하게 나타난다는 사실을 밝혔는데요. 이 같은 발견은 청소년이 성인보다 동기부여가 약하다는 것을 시사한다고 볼 수 있습니다.

미국 국립보건원 생물학자, 제이 지드 교수는 청소년기에 남자아이에게서 편도체에 테스토스테론이 넘쳐나며, 편도체를 더욱 확대시킨다는 것을 발견하였는데요. 앞서 편도체의 기능이 무엇이었는지 기억해보세요. 네, 편도체는 공포나 불안, 두려움, 분노의 감정에 관련된 뇌의 영역인데요. 이는 청소년기 아이가 짜증을 많이 내는 이유에 대한 부분적인 설명이 될 수 있을 것입니다.

대뇌피질은 뇌의 가장 바깥쪽 부분을 둘러싸고 있는 껍질과 같은 부위인데요. 다른 포유동물도 모두 어느 정도의 대뇌피질을 갖고 있지만 특히 영장류, 그중에서도 인간은 대뇌피질을 가장 많이 갖고 있습니다. 이 대뇌피질은 언어 능력, 집중력, 기억력, 추상적 사고력과 관련되어 무한한 학습 능력을 갖고 있습니다. 대뇌피질은 구역별로 성숙되는 순서가 다른데요. 가장 단순한 기능과 관련된 구역부터 성숙이 시작되어 고등 기능 담당 구역 순으로 발달합니다. 시각, 청각, 촉각, 공간 감각 등 감각적 기능 담당 영역인 뇌의 뒷부분에서 시작해서 이들 기능을 조합하는 영역인 전전두피질이 맨 마지막으로 발달하는데요. 전전두피질은 집행 기능의 본부 역할, 즉 예측, 판단, 선택, 충동 억제 등 사고와 행동을 통제 및 조합하는 고등 기능을 수행합니다.

전전두피질

청소년기의 충동성은 전전두피질이라는 뇌의 영역과도 관련이 있다고 설명하고 있습니다. 전전두피질은 전두엽에 속하는 일부 영역인데요. 전두엽과 더불어 예측, 판단, 선택, 충동 억제 등과 같은 '집행' 기능을 담당하는 뇌의 영역입니다. 중요하지 않은 정보는 걸러내고 나중에 실행할 계획을 기억하는 기능, 다른 사람이 머릿속으로 하는 생각을 이해할 수 있고 뇌의 각 구역의 신호를 조합하거나 대뇌변연계에서 일어나는 감정을 가라앉히거나 전달을 하는 그런 역할을 합니다. 다시 말해서, '교양 있는 행동을 하게 하는 중추, 기억, 공감, 도덕심의 중추, 기획의 중추'라고 표현할 수 있는데요. 한마디로 말해서, 우리 인간을 '인간답게' 만들어 주는 부위라고 볼 수 있는 거죠(Natalie Levisalles, 2009; Sheryl Feinstein, 2007).

그런데 문제는요, 이 전전두피질이 뇌에서 가장 성숙이 늦게 이루어지는 구역이라는 점입니다. 여기서 '성숙'이라는 것은 가지치기 작업, 미엘린 수초 형성을 말하는데 이것이 가장 늦게 이루어지는 구역이라는 얘깁니다. 다시 말하자면 청소년기는 전두엽이 성숙하지 않아서 제 기능을 하기가 어려운 거라고 볼 수 있는데요. 청소년의 뇌와 성인의 뇌 사이에 가장 큰 차이를 만드는 것은 전두엽의 미성숙 때문일 가능성이 높습니다. 지나치게 많은 뉴런이 전정(剪定, 가지치기)을 통해서 좀 정리되고, 축색이 미엘린 형성 과정을 거치고 난 후에야 성인처럼 분별력 있는 결정을 내리는 등 전전두피질을 효과적으로 활용할 수 있게 될 가능성이 높은데 청소년기에는 전전두피질의 통제 기능이 완전하게 작동하지 않아서 충동적인 행동을 하고 예측 능력과 조합 능력이 뒤떨어지는 거라 볼 수 있는 거겠지요. 전전두피질의 '집행' 기능은 대체적으로 20~25세에 성숙하는 것으로 알려져 있는데요. 남자아이가 여자아이보다 느리게 성숙하는 것으로 알려져 있습니다.

쾌락 관련 회로와 위험 추구 경향성

청소년기의 충동성은 쾌락 관련 회로와 위험 추구 경향성 때문으로도 일부 설명할 수 있습니다. 뇌에서 쾌락 회로와 직접적으로 관련된 구역, 즉 중격측좌핵, 편도체, 전전두피질의 일부 영역, 복측피개영역을 앞에서 '기억해 두세요'라고 말씀드렸는데요. 이러한 구역에서도 도파민이라는 신경전달물질이 발견되었습니다. 도파민이 분비되었다는 것은 쾌락 추구 욕구가 발생하였다는 것을 의미하는데요. 생물학자들은 새로운 경험, 위험과 미지에 대한 동요나 흥분 같은 경험이 뇌의 쾌락 회로를 활성화한다는 것을 밝혔습니다. 청소년은 미지의 세계에 대한 관심이 성인이나 아동보다 더 많죠? 그렇다는 것은 쾌락 관련 회로를 더 심하게 자극하여 술이나 약물을 시험해보고 싶어지는 것은 어쩌면 청소년에게는 당연한 거라고 볼 수도 있겠습니다(Natalie Levisalles, 2009; Sheryl Feinstein, 2007).

청소년이 술이나 약물 등 자극적이고 중독적인 영향에 취약해지는 이유는 또래의 압력이나 학업성적에 대한 스트레스, 또는 사회적 압력으로부터 탈피하려는 욕구 등 때문인 것으로 여겨져 왔지만 이 것만으로 모든 것을 설명할 수는 없다고 볼 수 있습니다. 생물학자들은 그 원인을 쾌락 추구의 욕구가 생겼을 때 분비되는 도파민이 많은 뇌 구역의 변화에서 찾을 수 있다고 합니다.

지금까지 설명한 내용을 정리해보자면 청소년의 뇌는 첫째, 전전두피질이 성숙하지 못한 상태, 즉 계획이나 결과 예측, 억제, 통제 등에 대한 어려움이 있는 상태라 볼 수 있고요. 두 번째는 쾌락 회로가 언제든 즉시 작동할 준비 태세를 갖추고 있는 상태라고 볼 수가 있습니다. 다시 말하면, 위험 추구와 충동성에 빠지기 매우 쉬운, 언제든 가동할 준비가 된 상태로 놓여 있다고 볼 수 있는 거죠.

최근에 영양상태가 좋아지면서 성적으로 빠르게 성숙함으로써 오늘날의 청소년은 뇌의 일부는 변화가 예전보다 빠르게 시작된 반면, 사춘기와 관계없는 다른 과정은 그보다 늦게 발달하는 현상이 나타나서 전전두피질과 대뇌변연계의 상호작용이 제대로 조화롭게 이루어지지 않은 채 부조화 속에 보내는 시간이 더 길어지게 된 것 같습니다.

쉬어가기

사춘기 자녀와 대화, 이것만을 피하자! 사춘기 자녀와 대화할 때 조심해야 할 점에 대해 살펴봅시다.

화가 난 상태의 대화, 상처를 남긴다. 과도하게 화가 났을 때는 아이와의 대화를 가급적 빨리 중단하는 것이 좋습니다. 화를 가라앉힌 다음에는 문자로든 편지로든 아이에게 아빠의 마음을 잘 담아서 전달하는 것이 좋겠죠?

대화에도 타이밍이 필요하다. 대화는 자녀와 아빠 모두가 원할 때 하는 것이 좋습니다. 아빠가 시간적 여유가 생겼다고 일방적으로 아이를 불러 대화하지 않도록 합니다. 적절한 타이밍에 대화를 청하는 것이 중요합니다.

술 마시고 자녀와 하는 대화는 금물! 술기운을 빌어 아이와 대화를 하는 행동은 절대 금물입니다. 제정신에 아이와 대화하기 힘들다면 차라리 이메일이나 문자, 편지 등으로 자신의 마음을 전하세요.

훈계는 밥상머리 교육이 아니다. 밥상머리 교육이란 식탁에서 잔소리나 훈계를 늘어놓는 것이 아닙니다. 식탁 위에서는 사랑과 배려가 가득한 일상적인 대화를 나누는 것이 좋습니다.

고정된 성 역할은 버리고, 아이의 감정에 집중하라. 아이의 성별에 얽매이지 말고, 아이의 성격이나 기질에 맞춰 각자의 개성을 발휘할 수 있게 도와주도록 합니다. 자녀의 감정을 잘 읽어주는 것 역시 중요하죠. 아이가 감정이 상해 있을 때는 아이가 느끼는 바를 무조건 공감해주는 것이 중요합니다.

딸에겐 스킨십도 농담도 적정 수준이 필요하다. 아빠는 사춘기에 들어선 딸을 어린아이 대하듯 하지 않아야 합니다. 딸이 싫어하는 과도한 스킨십을 하거나 몸매에 대해 노골적인 언급을 하는 것은 매우 곤란합니다.

아이 마음 치유해주는 '과거청산 대화법'을 살펴보기로 하죠. 1단계: 과거청산 대화를 위한 시간과 장소를 마련한다. 2단계: 자녀의 말을 무비판적으로 진지하게 경청한다. 3단계: 자녀가 한 말의 핵심을 짚어준다. 4단계: 아빠가 잘못했다고 생각하는 부분에 대해 사과한다.

자, 아빠로서 좋은 멘토가 되어주고 싶다면 아이의 입장에 서서 아이를 이해하는 연습을 해보길 권합니다. 아이와의 대화, 배려와 존중만 있다면 그리 어려운 일이 아니랍니다.

출처: 대한민국 여성가족부 블로그 '가족사랑'
http://blog.naver.com/mogefkorea/220880996422
"청소년기 자녀가 있는 아버지 양육가이드북"-<함께 행복한 아빠되기>

잠

지연된 수면 위상 증후군

수면 리듬의 변화도 청소년기의 주요 특징 중 하나입니다. 이 시기에 '지연된 수면 위상 증후군(Delayed Sleep Phase Syndrome: DSPS)'이 나타나는데요. 내용을 살펴볼까요? 청소년기에 필요한 수면시간은 9시간 15분 정도로 밝혀졌는데, 청소년의 수면 현실은 이른 등교시간에 따른 조기 기상으로 인해 7시간 미만으로 늘 수면이 부족합니다. 수면 단계의 마지막 부분인 역설수면이 부족하게 되는 것인데, 역설수면은 암기력과 학습능력에 중요한 영향을 미치는 것으로 알려져 있습니다(Natalie Levisalles, 2009; Sheryl Feinstein, 2007).

지연된 수면 위상 증후군의 고착

지연성 수면 위상 증후군(DSPS)의 고착 과정을 살펴보면, 위에서 설명한 바와 같은 수면 부족을 채우기 위해 낮잠 본능이 출현하고 그래도 부족한 수면은 주말에 몰아서 채우며 방학 동안 수면 리듬을 상실하고 개학 후에도 수면 리듬 회복이 어려워 자정이나 새벽 1시경 자고 6~7시 기상하여 등교하는 생활을 하다 주말엔 다시 늦잠을 자게 되죠. 주중 5일간 몸이 어느 정도 적응하는 듯하면 또다시 주말 동안 늦게 취침하여 일요일 저녁 즈음 몸은 다시 방학 모드로 돌아가서 시계와의 소모전이 반복되는 것입니다.

시차 증후군의 생물학적 이해

이와 같은 청소년이 보이는 수면 문제, 시차 증후군의 문제를 생물학적으로 이해해볼 필요가 있겠습니다. 수면 전문가에 의하면 청소년의 수면 부족은 우리 집에 있는 청소년 자녀에게만 일어나는 현상이 아니라 전 세계 모든 나라의 공통 현상이라고 합니다. 좀 마음이 놓이시죠? 전 세계 모든 청소년은 다른 연령층보다 졸음이 많다고 합니다. 미국 브라운 대학의 수면 전문가 메리 카스케이든(Mary Carskadon) 교수는 청소년들의 수면 상태를 조사했는데요. 이 메리 카스케이든 교수의 주장에 의하면, 청소년의 절반 정도가 깊은 수면 단계인 서파수면에서 역설수면으로 넘어가는 시점에 잠을 깨기 때문에 오전 시간은 반쯤 잠든 상태가 되고 오후부터 자정이나 새벽 2시까지 각성 상태를 유지하더라고 합니다. 이로 인해서 미치는 영향은 좀 안 좋은 영향이 많은데요. 청소년의 기분이나 학습능력에 안 좋은 쪽으로 영향을 미칩니다. 당연하겠죠? 주중의 그러한 부족한 잠을 주말에 '몰아 자기'로 보충을 하게 되겠고요. 수면과 각성 상태의 리듬을 불규칙하게 만드는 심각한 문제를 야기하게 되기도 합니다. 청소년의 뇌와 몸은 새벽 2시부터 오후 2시까지가 잠자는 시간이라고 인식하게 되기도 합니다.

이와 같은 청소년의 시차 증후군의 문제가 생기는 이유는 시신경 교차상핵의 역할 때문인 것으로 설명하고 있는데요. 시신경 교차상핵은 인간의 몸이 수면 상태와 각성 상태가 교차하면서 작동하도록 해주는 역할을 하는, 우리 몸속의 생체 시계를 작동시키고 대략 24시간 주기의 리듬으로 만드는 역할을 담당합니다. 밤이 오면 서서히 멜라토닌을 분비하라는 명령을 보내고요. 그로부터 약 1~2시간 후, 우리 몸은 졸음을 느끼게 되는 거죠. 청소년기에는 멜라토닌의 분비가 최소한 한 시간가량, 보통은 2~3시간가량 뒤로 미뤄지는데요. 멜라토닌의 수치가 밤 11시쯤 높아지면 약 1~2시간 후 졸음이 느껴지기 시작합니다. 이로 인해 청소년이 늦게 자게 될 가능성을 높여주게 되는 거죠. 또한 수면과 관련된 이 시기의 또 다른 변화는 세상에 태어난 이후 줄곧 규칙적으로 줄어들던 수면 욕구가 사춘기 초기와 중반 사이에 다시 증가한다는 점입니다.

그러면 우리 사춘기 자녀가 밤에 늦게 자고 아침에 일찍 일어나느라 수면이 부족한 현상을 생물학적으로 이해해서 우리가 자녀를 헤아리고 받아줄 수는 있지만, 다음과 같은 문제점이 있습니다. 수면 부족으로 인해 몸과 마음이 황폐해질 수 있고요. 사고에 노출될 위험도 높아질 수 있습니다. 또한 가장 중요한 것은 짜증도 늘고 집중력을 떨어뜨려 학업 수행능력이 저하된다는 점입니다. 그럼에도 불구하고, 이것을 바꾸기가 어려운 청소년 세대의 두 가지 제약이 있습니다. 그것들이 뭐냐 하면, 하나는 멜라토닌 분비 시간은 생물학적으로 결정되는 거라서 우리가 바꿀 수 없다는 점이고요. 다른 하나는 수업 시작하는 시간을 바꾸기가 매우 어렵다는 점이죠. 그러면 어떻게 해결을 해야 할까요?

시차 증후군 해결방안: 수면장애 유발 행동 개선

시차 증후군의 해결방안을 살펴보기 위해 수면장애 유발 행동 개선 요령을 살펴보면 다음과 같습니다. 늦은 시간에 자극성 음식 피하기(커피, 콜라 등), 밤늦게 게임·동영상 시청·인터넷 서핑 등 자제하기, 기상 시간 자각 훈련(기상 후 즉시 불 켜기, 커튼 열기 등), 적극적으로 밖에 나가 햇볕 쬐며 걷기, 일요일에도 오전 중에 기상, 평소 새벽 1시 이전에 잠자는 습관 기르기, 멜라토닌 복용이나 멜라놉신이 푸른색에 민감한 것을 이용한 푸른빛 노출법 활용하기, 학교에서 수업 시간을 늦추는 방안 등을 제안할 수 있는데요. 미국, 미네소타의 일부 학교는 수업 시간을 한 시간 뒤로 늦춰 8시에 시작하고, 미국의 일부 교사는 수업을 오전 11시 이전에 시작하면 안 된다고 생각하고 있다고 합니다. 또한 프랑스 국립보건의학연구소에서는 수업 시작 시간을 오전 9시로 미루는 방안을 제기하기도 하였습니다. 우리나라도 경기도 교육청의 경우 9시 등교로 등교 시간을 늦춘 사례가 있습니다.

결론: 시신경 교차상핵-청소년 시차 증후군의 생물학적 책임

청소년기 시차 증후군이 나타나는 것의 생물학적 책임은 앞서 살펴본 것처럼 시신경 교차상핵에 있습니다. 독일 뮌헨대학, 틸 로엔네베르그(Till Roenneberg) 교수의 청소년 시차 증후군의 생물학적 근원에 대한 조사 결과를 살펴보면, 13세부터 몇 년간 잠드는 시간이 늦어져서 20세 무렵부터 느닷없이 전보다 일찍 자고 일찍 일어나게 된다고 합니다. 뼈 성장이 끝나는 시기가 여자 16세, 남자 18세로 이 시기는 사춘기가 마무리되는 시기이고, 수면 리듬의 변화가 끝나는 시기도 사춘기가 마무리되는 시기입니다. 따라서 수면 리듬이 원래대로 돌아왔다는 것은 사춘기가 끝났음을 의미하는 생물학적인 징표라고도 할 수 있겠습니다.

신체의 변화_흐느적 널브러져 지내는 10대

댁에 있는 사춘기 청소년 자녀들, 공부할 때 의자에 바른 자세로 똑바로 앉아서 공부하나요? 혹시 침대나 소파에서 뒹굴뒹굴하며 흐느적거리는 모습이 거슬리신 적은 없으신가요? 저는 이런 모습이 거슬린 적이 많거든요. 저도 청소년 자녀를 키우고 있습니다. 이렇게 흐느적거리며 뒹굴뒹굴하는 것도 이 시기의 특징 중 하나인데요. 우리 청소년들은 내내 침대에 널브러져 있는 모습을 보이기도 하고요. 깨어 있는 순간에도 똑바로 서 있는 모습을 기대하기 힘들죠. 서 있더라도 구부정한 자세이거나, 어기적거리는 걸음걸이를 보이거나 온몸을 질질 끌고 다니는 모습을 보이거나, 책상이나 탁자 위에 늘어져 엎드리거나, 안락의자 소파에 뒹구는 모습을 많이 보입니다. 아마 매우 익숙한 모습일 것입니다.

그런데, 이러한 모습들이 바로 인체에 가장 유익한 자세를 취하고 있는 거라는 점입니다. 정확히 자기 몸에 유익한 자세를 취하고 있는 것이라 볼 수 있는데요(Natalie Levisalles, 2009; Sheryl Feinstein, 2007). 소파에 비스듬히 누워서 팔꿈치는 쿠션에 기댄 채 다리는 탁자에 올리고 있는 자세는 거의 무중력 상태에 가깝다고 해요. 근육 수축이 적어서 피로가 최소화되는 자세의 각도라고 하고요. 신체 각 부위의 체중을 골고루 분산시켜주어 신체 각 부위의 힘줄과 근육, 인대 등이 균형을 이루는 각도라고 합니다. 그럼, 왜 청소년기에 특별히 이런 유익한 자세를 갑자기 더 많이 취하게 되는 것일까요?

바로 이 시기에 일어나는 신체 급성장의 일시적인 결과 때문이라고 볼 수 있습니다. 11~16세 사이의 우리 청소년 자녀들의 키가 급성장하는 거 많이 보셨죠? 우리 자신의 사춘기 시절을 돌이켜봐도 생각날 거고요. 1년에 10cm 정도, 많게는 2년에 25cm 정도 자라죠? 단기간에 이 같은 뼈의 급격한 성장은 척추의 인대를 긴장시키고 근육의 긴장을 떨어뜨립니다. 따라서 한 자세를 오래 유지하기 어렵고 때로는 통증을 느낀다고 해요. 근육의 강도와 근육 운동의 협응 능력을 떨어뜨리게 되는데요. 이로 인해서, 자신의 근육 조절에 전보다 서툴고 미숙해져서 몸놀림이 안정적이지 못한 것이라 합니다. 근육이 뼈 성장과 동일한 속도로 빠르게 자라지 않기 때문에 강도와 유연성, 통제력 등이 일시적으로 감소하는 것 때문이라고 볼 수 있는 거죠.

오늘의 점검

앞서 청소년기의 변화의 원인이 무엇인지에 대해 질문을 드렸습니다. 이 장을 읽으며 답을 찾으셨나요? 청소년의 변화의 생물학적 원인을 확인한 후 자녀를 대하는 방식이 어떻게 변화하게 될지 생각해 볼까요?

Q. 청소년의 충동성, 위험 행동, 게을러 보이는 태도 등이 생물학적 원인에 기반했다는 사실을 확인한 지금 자녀를 대하는 방식이 어떻게 변화하게 될지 상상하며 적어보세요.

1. 잦은 짜증과 반항적인 태도에 대해

변화하는 아버지의 역할:

____

____

2. 불규칙한 수면 패턴에 대해

변화하는 아버지의 역할:

____

____

3. 술, 담배 등 위험 행동에 대해

변화하는 아버지의 역할:

____

____

참고문헌

최성애, 조벽, (2012). **청소년 감정코칭**. 서울: 해냄.

Sheryl Feinstein(황매향 역) (2008). **부모가 알아야 할 청소년의 뇌 이야기**. 서울 : 지식의 날개.

Natalie Levisalles(배영란 역) (2011). **청소년, 코끼리에 맞서다**. 서울 : 한울림.

Don Dinkmeyer(Sr), Gary McKay, Joyce McKay, Don Dinkmeyer(Jr)(황옥자, 이지연 공역) (2012). **청소년의 부모STEP**. 서울 : 창지사.

Sheryl Feinstein (2007). **Parenting the Teenage Brain**. Lanham, MD : Rowman & Littlefield Publishing.

4 장

청소년 이해하기 (2)

오늘의 이야기

민수: 숙제를 해야 하지만 같은 반 여자 친구만 떠오릅니다.
유주: 거울은 보고 또 봐도 질리지 않습니다. 내 얼굴이 들어 있으니까요.
민수, 유주: 집을 나가면 늘 친구들과 함께하죠.
집에서도 친구와 저는 연결되어 있어요. 메신저가 있으니까요.
비디오게임, 컴퓨터게임, 엄마와 저는 늘 전쟁을 치릅니다.

익숙한 이야기, 우리 아이만 그런 건 아니죠? 왜 그런지, 어떻게 해야 할지 이 장을 읽으면서 답을 찾아봅시다.

이번 장에서는 성적 성숙, 공감 능력, 또래 관계와 10대의 특징·문화에 대한 이야기를 나누어볼 것입니다. 이번 장을 통해 여러분은 10대의 특징과 문화에 대한 부모의 역할을 설명하고, 적용할 수 있게 될 것입니다.

성적 성숙

일차 성징, 이차 성징

청소년의 성적 성숙에 관해서 살펴볼까요? 먼저 일차 성징과 이차 성징을 구분해보고 이야기를 더 나누어보죠. 일차 성징은 태어나면서 남녀를 구분할 수 있는 외부 생식기의 차이를 말하는데요. 사람의 경우, 이것을 결정하는 것은 남성의 고환과 여성의 난소입니다. 이차 성징은, 태어날 때부터 결정되어있는 일차 성징과는 달리 호르몬 작용에 의한 것으로, 남성은 고환 및 부신피질에서 분비되는 안드로겐, 여성은 난소 및 부신피질에서 분비되는 에스트로겐 등의 성호르몬에 의해 조절됩니다(Natalie Levisalles, 2009; Sheryl Feinstein, 2007).

사춘기 성호르몬은 몸을 변화시키기 시작하여 생식에 알맞은 몸으로 만들어 줍니다. 성호르몬으로 가득해지는 순간부터 뇌 기능이 변화를 일으키는데요. 모든 정신 구조가 '성'이라는 유일한 관심사로 집중되는 것이죠. 따라서 이성에게 늘 성적으로 홍미를 느끼게 되는 것입니다.

이차 성징의 특징은 크게 3종 호르몬 체계로 시작하는데요. 성호르몬, 부신호르몬, 성장호르몬입니다. 각 호르몬의 작용으로 인한 변화와 영향은 아래 내용을 참고하세요.

성호르몬인 에스트로겐과 테스토스테론의 생성이 촉진: 성행위와 번식이 가능

남녀 모두 부신호르몬이 분비: 피부 상태 변화, 체모 자람, 여드름

성장호르몬의 왕성한 분비: 청소년이 쑥쑥 자라는 이유

그 외에 다른 호르몬 체계의 영향도 받습니다(부신피질 호르몬, 스트레스 호르몬, 옥시토신 호르몬 등).

급격한 신체 변화에 대한 반응

이 시기에는 급격한 신체 변화로 인해서 남녀 아이들 모두 고통과 불편이 따릅니다. 자신의 몸을 낯설게 생각하거나 이상하게 느끼기도 하고요. 이러한 변화가 어디까지 갈지 예상할 수 없어서, 표준과 정상의 개념은 불안 가운데 흔들리게 되기도 합니다. 즉, 다시 말해서 '과연 내가 표준인가? 내가 정상인가?' 하는 불안 속에서 흔들린다는 얘기입니다. 신체 부위의 어디가 잘못되었다거나 뭔가 못생겼다거나 비정상적이라고 생각하면서 강박적인 두려움을 갖기도 하는데요. 이러한 증상은 이 시기 청소년들 누구나 다 갖고 있기도 해

요. 하지만 이러한 증상의 정도가 심해지면 '신체 이형 장애'라고 부르기도 합니다(Natalie Levisalles, 2009; Sheryl Feinstein, 2007).

객관적 시선으로 바라보면, 이 시대의 청소년들은 부모 세대보다는 한결 편리한 세상에서 살아가고 있는 것은 사실이에요. 여드름이 나면 피부과에 가서 고칠 수 있고요. 비뚤어진 치아의 경우, 치과에 가서 교정도 할 수 있고 눈 모양이 맘에 안 들면 성형외과에서 모양을 바로 잡기도 합니다. 하지만, 청소년 개개인이 주관적으로 느끼는 불편감은 여전한 것 같습니다. 또래를 바라보는 청소년들의 냉엄한 시선도 그대로이고요. 모든 자잘한 결함을 즉각 교정할 수 있게 되면서 또래와 비슷한 모습을 갖춰야 한다는 압박감과 매력적인 모습을 갖춰야 한다는 압박이 더 심해진 것도 같습니다.

청소년이 자신의 몸의 변화를 인식하면서 나타날 수 있는 병증들에는 여러 가지가 있는데요. 이 중 하나가 좀 전에 말씀드린 신체 이형 장애이고요. 또 다른 예로 거식증과 폭식증이 있습니다. 또한, 청소년 성형수술도 이에 속합니다. 청소년 성형수술의 경우에는 '마음에 안 드는 부분을 바로잡는다'는 점에서는 성인들의 경우와 수술의 목적은 같지만, 성인들은 남들과 '달라지는' 걸 원하는 것이라면, 청소년들은 남들과 '같아지는' 걸 원하는 겁니다. 청소년들은 남들의 정도를 넘어서고 싶은 마음도 없고요. 남들과 굳이 달라지기도 싫은 겁니다.

이성에 대한 관심

청소년기에는 이성에 대한 관심이 높아지죠? 관찰된 사실과 조사 내용에 따르면 청소년기의 사랑은 기간이 짧고 강도가 강렬한 것이 특징인데요. 15세에 하는 사랑은 보통 3~4개월 정도 지속된다고 하고요. 만남도, 관계 진전도, 이별도 급작스러운 게 특징이죠. 로미오와 줄리엣의 짧은 시간에 열정적인 사랑에 빠지는 식의 사랑이 청소년기의 사랑하는 방법의 전형인 거죠(Natalie Levisalles, 2009; Sheryl Feinstein, 2007).

사랑에 빠진 청소년들의 뇌에서 성호르몬인 테스토스테론 분비가 일정한 수준에 도달하게 되면 청소년들은 오로지 성에 대해서만 생각을 하게 됩니다. 테스토스테론 분비는 사춘기 이전보다 50배나 증가하게 되고, 정서와 충동을 조절하는 뇌(전전두엽피질)는 발달 중인 상태, 즉 아직 미성숙한 상태여서 사랑에 쉽게 빠지고 또 쉽게 흥미를 잃는 특징을 보이게 되는 거죠. 그래서 이른바 '조증' 상태와 유사한 행동을 보입니다. 잠이 줄고, 가끔 충동적인 행동을 하고요. 심하게 돈을 많이 쓰는 등의 행동을 보이기도 합니다. 이로 인해서, 아이디어와 창조적인 에너지도 풍부해지지만, 위험에 대한 욕구 또한 강렬해집니다.

옥시토신의 영향

옥시토신은 연인들이 서로 끌리게 하는 역할을 하는 호르몬인데요. 옥시토신은 친밀함을 가진 사람들에게서 분비되고 친밀한 관계를 더욱 강화시켜 주기 때문에 '친밀함의 호르몬'으로도 불립니다. 또 '애착의 호르몬'이라 부르기도 하는데요. 주로 수유 중인 어머니에게서 분비되고, 젖을 먹이지 않고 그저 아기를 바라보는 것만으로 분비되기도 합니다(Natalie Levisalles, 2009; Sheryl Feinstein, 2007). '신뢰의 호르몬'이라고도 불리는 옥시토신은 직장 동료 관계든 사업 관계든 신뢰가 형성된 두 사람의 뇌에서 분비됩니다. 이 호르몬은 '항스트레스성 호르몬'이라고도 하는데요. 스트레스에 대한 내인력에 도움이 되는 물질로, 옥시토신이 분비되면 우리 몸은 곧바로 오랜 시간 동안 편안함을 느끼며 심장박동이 느려지고 면역체계가 강해진다고 해요. 여아들의 경우, 사춘기에 옥시토신의 분비가 많아지는 것으로 알려졌습니다.

공감 능력

공감 능력 향상

이 시기에는 공감 능력이 높아집니다. 청소년기는 공감의 발달이 시작되므로, 가족 이외의 타인인 친구, 집단, 세계를 의식하고 받아들이기 시작합니다. 하지만, 청소년에게서 공감이 나타나기는 하나 아직 미성숙한 상태예요. 이는 성인기가 시작되어야 성숙해지는데요. 유니버시티컬리지런던 인지신경학 연구소의 사라 제인 블레이크모어(Sarah Jayne Blakemore) 교수는 사춘기의 뇌에서 타인의 감정을 알아차리고 의사 결정을 내리는 것에 관련된 뇌 구역에서 뉴런의 연결이 증대된다는 사실을 입증하였습니다(Natalie Levisalles, 2009; Sheryl Feinstein, 2007). 이 같은 사실은 청소년들이 정신화(mentalizing)가 가능해지고 마음 읽기(mind-reading), 공감화(empathyzing)가 가능해진다는 것을 의미합니다. 이러한 능력의 이로운 점은 사회적인 적응력이 높아지고, 협동성이 높아지고, 경쟁적 사회에의 적응에 유리하다는 점입니다. 공감 능력은 다른 사람의 행동을 예측하고 조작하여 영향을 미치는 데 가장 유리하고 효율적인 도구이거든요.

사람 표정에 대한 정교한 해석, 두려움 등의 감정 파악은 청소년기 말이 되어야만 익숙해집니다. 청소년기는 공감 능력 형성이 서서히 마무리되어 가는 시기이자 다른 사람의 머릿속을 좀 더 정교하게 이해하기 시작하는 시기입니다. 하지만 청소년기 말이 되어야만 자리를 잡습니다.

또래 관계

또래문화의 특징

또래 관계를 살펴보기 위해 문화의 특징을 먼저 살펴보겠습니다. 청소년들은 물고기 떼, 펭귄 떼처럼 집단으로 몰려다니고 동일한 행동을 하고, 똑같은 음악, 언어, 억양, 옷, 몸짓을 하고, 헤어스타일, 화장품, 휴대폰도 같은 것만 고집합니다. 다시 말해서, 같은 가치를 공유하고, 같은 판단을 하며, 좋아하고 싫어하는 것도 동일한 것이죠. 그뿐만 아니라, 휴대폰, 문자, 메신저 등으로 항상 연결되어 있기를 희망하고, 심지어 잘 때는 베개 밑에 휴대폰을 두고 잠을 잡니다. 이들에게는 또래에게 인정받고 소속되는 것이 매우 중요합니다. 부모에게 받아들여지는 것보다 또래의 인정과 수용이 더 중요하죠. 심지어 가장 중요한 이슈입니다. 가정이라는 울타리를 확장하여 가정 밖에서 소속감을 추구하기 시작하는 겁니다. 이러한 청소년기의 문화적 특징은 어른이 되기 위해 꼭 필요한 과정이라고 할 수 있으며 이를 존중해주어야 합니다(Natalie Levisalles, 2009; Sheryl Feinstein, 2007).

청소년의 센서는 또래에게만 반응

청소년의 감지기는 또래에게만 반응하는 것 같습니다. 청소년 무리의 공통점이 있는데요. 같은 연령대로 묶이고, 함께 어울리는 나이의 폭이 상당히 좁다는 것입니다. 남녀가 섞이는 경우는 별로 없고요. 대개 청소년기 말기쯤이나 되어야 남녀가 섞이는 모습을 보입니다(Natalie Levisalles, 2009; Sheryl Feinstein, 2007).

무리의 유형은 다양한데요. 조금씩 꾸준히 진화합니다. 음악·축구·컴퓨터게임 등과 같은 취미 무리도 있고요. 쇼핑을 함께 다니는 무리도 있고요. 비행 청소년 무리 등 다양합니다. 무리 내에서 맡는 역할도 또한 가지가지죠. 우두머리 역할, 졸병 역할, 익살꾼 역할, 반항아 역할, 스타, 왕따, 외톨이 등 다양합니다.

아이들의 감지기는 오직 다른 또래 집단이 지나갈 때만 반응을 합니다. 관광지에서도, 경기장에서도, 해변에서도, 전철이나 패스트푸드점 등 곳곳을 다니면서 어린아이나 성인들이 지나갈 때는 별 관심을 두지 않지만, 다른 또래 집단이 지나갈 때만 반응을 합니다. 공간을 점령하는 그들만의 특유한 방식, 움직임, 음악, 소리, 웃음 때문이라고 하는데요. 너무 귀엽지 않으세요?

청소년 무리의 특징

청소년 무리의 특징들을 알아두시고, 우리 자녀들을 이해하는데, 그리고 우리 자녀들이 이런 모습을 보일 때 너그럽게 넘어가 주시는 모습을 보이시면 멋진 아빠, 쿨한 아빠라는 소리를 들으실 수 있을 것입니다. 청소년 무리의 특징 몇 가지를 좀 더 들여다보면, 자기들만의 표식이 있습니다. 음악이나, 의상이나, 헤어스타일, 언어, 장신구 등으로 표식을 드러냅니다. 특유의 몸짓도 있고요. 몸짓, 목소리 크기, 의상 등 모든 것을 과장되게 표현하는 특징이 있습니다. 그리고 또한, 퇴행적인 성격을 띱니다. 이들이 무리 지어 있을 때의 평균 성숙도는요. 구성원 각자의 개개인의 성숙도 보다 낮습니다(Natalie Levisalles, 2009; Sheryl Feinstein, 2007).

청소년들의 또 다른 특징은 은어나 비속어를 많이 사용한다는 것인데요. 이들이 은어나 비속어를 만들어내는 데 있어서 그 상상력은 어른의 상상력을 뛰어넘습니다. 은어나 비속어는 이들의 일상의 행복이고요. 대중문화에 있어서는 가장 창의성이 뛰어나고 풍부한 생산물이라고 볼 수 있죠. 반면, 생명력은 매우 짧습니다. 청소년들의 언어는 속한 집단의 성격을 정의하고요. 집단 내부의 조직 원칙으로 사용되기도 합니다.

일부, 음주나 흡연 등 비행을 하는 무리도 있긴 하지만, 청소년의 무리는 이성 관계, 이성 간의 사랑에 대한 번민, 이성을 유혹하고 싶은 욕구들로부터 일시적이나마 벗어날 수 있도록 해주는 방패 역할을 한다고도 볼 수 있기 때문에 일종의 보호 기능을 한다고도 볼 수 있는 거죠. 그러니까 우리 청소년 자녀들이 무리 지어 행동하는 특이한 행동들을 이해해주고 귀엽게 봐주면 좋겠습니다.

청소년 집단의 공격성

청소년 집단의 공격성에 대해서 알아보겠습니다. 청소년 무리는 무언의 규칙에 의해 움직이는 특징을 보입니다. 부모님의 말씀이나 학교 규칙은 잘 안 지키더라도 무리 내부의 규약은 엄격히 지키거나 절대적으로 복종하는 경향이 있죠. 이들이 무리를 이루는 목적이 함께 어울리면서 무료함과 외로움을 달래려는 것이기 때문에 그렇습니다. 청소년의 무리 내에도 역할이 있는데요. 각자의 개별 특성이나 어쩔 수 없이 맡게 되는 몇 가지 매개변인에 따라 집단 내에서 자신의 위치를 찾게 되고, 이러한 역할은 일단 자리를 잡으면 변화가 어려운 것이 특징입니다(Natalie Levisalles, 2009; Sheryl Feinstein, 2007).

청소년 무리 내부에는 공격성도 존재합니다. 미국 심리학계에 의하면 '괴롭히는 아이, 가해자 아이'는 대개 자기 평가가 낮은 경우가 많고요. 사회 적응 능력이 떨어지는 남학생들인 경우가 많다고 합니다. 그들의 이 같은 공격성은 일종의 보상심리인 거죠. 사회적인 지위가 낮을수록 위험을 감수하는 정도가 높아집니다. 높은 수준의 위험을 감수하고서라도, 공격적인 전략을 선택합니다. 그래야만 성적(性的)으로, 사회적으로 생존할 수 있기 때문인 거죠. '가진 게 없으면 잃을 것도 없다'라는 말이 이 맥락에 적용되는 것 같습니다.

그런데 학급 친구를 공격하는 행동이 일시적으로는 효율적인 전략으로 작용하기도 합니다. 미네소타대학 심리학자의 조사 결과에 의하면, 학급에서 물리적으로, 심리적으로 공격적이라고 생각되는 사람과 자신이 주최하는 파티에 초대하고 싶은 대상이 일치하는 경우가 많았습니다. 가장 인기 많은 아이는 물리적으로 공격적인 성향의 남자아이, 심리적으로 공격적인 성향의 여자아이인 경우가 많았습니다. 이들을 초대하지 않았다가 자신에게 미칠 가해를 피하고자 하는 살아남기 위한 일종의 방어기제인 것 같습니다.

또래 형성에서의 남녀 차이

청소년기 또래 형성에 있어 남녀 차이가 존재하는데요. 남녀 혼성 또래 집단은 청소년기 끝 무렵에야 형성됩니다. 먼저 여자아이들의 또래 집단 형성의 특징을 살펴볼까요? 남아들보다 덜 경쟁적이고, 집단을 이루더라도 1~2명 정도, 많아야 4명의 소규모 친구 관계를 형성합니다. 각각의 여자아이들은 구성원들과 정서적인 친근을 원하기 때문에 소규모가 유리합니다(Natalie Levisalles, 2009; Sheryl Feinstein, 2007). 여아들은 함께 '이야기'하면서 친숙해지기 때문에 서로 이야기 나누는 시간이 많은데요. 대화를 통해 형성된 관계가 뇌의 쾌락 회로를 활성화시키고, 쾌락의 근원인 옥시토신이 분비됩니다. 여기서 옥시토신은 앞부분에서 살펴보았듯 내면의 안정을 가져다주는 항스트레스 호르몬입니다. 여아들은 오랜 기간 동안 가족 내의 다른 여자 구성원과 많은 시간을 함께 보내며, 집 밖에서도 엄마와 함께 활동하므로 또래 형성의 필요성이 덜하다는 특징도 있습니다.

이번에는 남자아이들의 또래 집단 형성의 특징을 살펴보겠습니다.

남아들은 보통 아버지와 함께 다니지 않으며, 함께 다닐 경우에도 어느 정도 거리를 두고 다니는데요. 걸을 때 서로 간격을 두기도 합니다. 남성은 나이 어린 남자아이의 의견을 묻지 않는 경향성이 있기 때문에 아이가 할 수 있는 유일한 선택은 또래 집단 내에서 자기 위치를 찾는 방법밖에 없다고 볼 수 있습니다. 가족에게서 약화된 애착과 나이 어린애들을 끼워주지 않는 남성들의 속성을 또래 집단에서 보상받고자 함이죠. 따라서 남아들이 여아들에 비해 또래 집단을 더 중요하게 여깁니다.

남자아이들의 또래 집단의 장점은 경제적·성적 자원을 놓고 경쟁하면서도 공동 목표를 위해 협력해야만 하는 사회에서 대등한 관계를 준비할 수 있는 터전이 된다는 점인데요. 반면, 이러한 경쟁과 협력의 공존이 남자아이들을 더 어렵게 만든다는 한계점도 동시에 가지고 있습니다. 여자아이들이 '이야기'로 친숙함을 나누는 것과는 달리 남자아이들은 함께 '활동'하며 친숙해지는데요. 여성이 언어·몸짓·표정을 포함하여 2만 번의 의사소통을 하는 동안, 남성은 7천 번밖에 하지 않는다는 연구 결과도 존재합니다.

쉬어가기

사춘기 자녀와 어떻게 대화해야 할까? 사춘기 자녀의 마음을 여는 대화, 조금만 연습하면 그리 어렵지 않습니다. 시작해 볼까요?

사춘기 자녀와 대화할 때 꼭 염두에 두세요. 자녀의 잘못을 **지적하지 말고 먼저 공감**하세요. 문제 해결보다 관계 유지가 우선이라는 점 잊지 마시고, **적게 말하고 많이 들어줘야** 합니다. 그리고 포용은 하되, **권위는 잃지 말아야** 합니다. 쉬운 원리지만 무한한 연습이 필요하다는 것 알고 계시죠? 사춘기 자녀와 대화할 때 이렇게 해보세요. 대화는 **사소한 잡담으로부터 시작**합니다. 거대 담론이 필요한 것이 아니죠. 깊은 대화를 하고자 할 때는 **적당한 시간과 장소**를 확보해야 합니다. '그랬구나, 화가 났겠구나' 등의 **공감 반응**은 대화를 이어주는 열쇠입니다. '그렇게 생각하지 마' 등으로 문을 닫지 마세요. 말하기보다 **듣기에 집중**해 보세요. 아이를 바꾸겠다는 마음으로 훈계를 길게 늘어놓는 것은 대화에 빗장을 거는 것입니다. **훈계할 일이 있다면, 짧고 명확하게** 하세요. 아버지들은 늘 강해야 한다는 편견을 버리고, 약한 모습도 감추지 말고 **솔직하게 대화**하세요.

이번에는 **갈등을 막아주는 상황별 대화 요령**을 살펴보려고 하는데요. **성적표 받아온 날** 아이가 가장 상처를 받을 수 있는 상황이죠? 어떻게 해야 할까요? 무조건 "수고했다", "애썼다"라고 말합니다. 가급적 아이가 잘한 부분에 초점을 맞춰 칭찬을 해주고, 성적이 부진했더라도 "성적 올리는 게 쉽지 않지?"라며 아이를 격려해주는 게 좋습니다.

자신의 거짓말이 드러났을 때 어른도 당황스럽습니다. 아이들의 거짓말이 들통난 순간의 당황스러움 어떻게 대해야 할까요? 잘잘못을 따져 묻고 아이를 비난하는 것보다 사랑의 마음으로 감싸주는 게 좋습니다. 캐묻고 혼내면 오히려 자신을 보호하려고 다른 거짓말을 할 수 있겠죠? 한두 번의 작은 거짓말에 대해서는 별다른 추궁 없이 "다음부터 돈이 필요하면 아빠한테 달라고 하렴."이라는 식으로 넘어가는 것이 좋습니다. '너를 믿는다'는 암묵적인 표현이 아이의 거짓말을 막는 가장 효과적인 방법일 수 있습니다. 자녀가 약속이나 결심을 지키지 못하는 상황도 자주 벌어집니다. 이때 어떻게 해야 할까요? 아이가 어떤 결심이나 약속을 할 때는 미리 보상과 처벌에 대한 규칙을 함께 정해 놓도록 합니다. 이렇게 하면 아이가 약속을 어겨도 감정적으로 부딪히지 않고 미리 합의된 규칙에 따라 아이를 훈육할 수 있기 때문입니다.

중요한 것은 아이를 이해하기 위해 노력하는 아빠의 모습을 보여주는 것입니다. 자녀는 아빠가 자신을 위해 애쓴다는 걸 충분히 알 정도로 이미 성숙했으니까요.

[출처: 대한민국 여성가족부 블로그 '가족사랑'
http://blog.naver.com/mogefkorea/220886821987
"청소년기 자녀가 있는 아버지 양육가이드북"-<함께 행복한 아빠되기>]

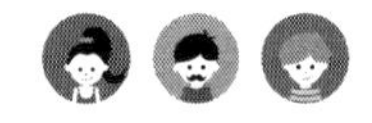

10대의 특징·문화

숙제 깜빡하기와 제대로 하지 않기

이번에는 10대의 특징과 문화를 살펴 부모의 역할을 상세하게 다뤄보도록 하겠습니다. 청소년기의 특징 중 하나가 숙제 깜빡 잊어버리기와 제대로 하지 않기입니다. 많이 공감되시죠? 중학생들은 숙제를 잘 잊어버리고 정리가 안 되고 시간을 지키지 못하는 정신없는 모습 보이는네요. 이는 특별한 것이 아니라 10대의 정상적인 모습입니다. 앞에서 살펴본 바와 같이 뇌와 관련된 문제인데요. 기억과 정리는 뇌의 임시적인 일터에 해당하는 작동 기억(working memory), 다시 말해 단기기억이 필요한데, 이것은 청소년기 동안에도 계속 발달 중이어서 아직 불완전합니다(Natalie Levisalles, 2009; Sheryl Feinstein, 2007). 또한 청소년기에 뇌의 발달이 계속 이루어지면서 새로운 능력을 갖게 되면 어떤 하나에 매달리기 어려워지기도 하죠. 사실 숙제를 잊는 것보다 더 중요하게 다뤄야 할 문제는 숙제에 대한 책임감과 무책임이라는 관점입니다. 걱정 마세요. 고등학생이 되면서 완전히 달라지니까 그때까지 버티기만 하면 됩니다. 시간이 해결해주는 문제가 바로 이런 거죠.

숙제 깜빡하기와 제대로 하지 않기에 대한 부모님의 대응을 구체적으로 살펴볼까요? 첫 번째는요. "내가 말했었지?"라고 말하지 마세요. 10대의 뇌는 완벽하지 않습니다. 부모는 아이의 부족함을 보충해 주는 것과 아이가 스스로 그 결과를 경험하도록 하는 것 사이에서 균형을 잡으시면 됩니다. 예를 들어, 집에 두고 간 숙제를 가져다줄 수도 있고 때론 모른 척할 수도 있죠. 두 번째는, 칭찬하십시오. 중요한 것을 잊지 않고 기억하고 있을 때 칭찬이나 지지의 말을 잊지 마시고, 매일 한두 가지 긍정적인 말은 반드시 하는 것이 효과적입니다. 셋째, 달력이나 다이어리를 사용하게 권장하고, 잊지 않도록 미리미리 알려주는 것도 중요합니다.

통행금지

통행금지에 대해서는 어떻게 다루는 것이 좋을까요? 이 시기에는 쾌락 원리로 행동하려는 경향이 있어서 늦은 시간까지 친구들과 어울려 놀고 싶은 충동을 억제하기 어렵습니다. 특히 남자아이들이 더 그렇죠? 통행금지를 어긴 것에 대해서 부모가 따지고 들면 사과나 반성을 하기보다는 오히려 화를 내면서 "다른 친구들은 늦게까지 밖에 있어도 상관없던데 왜 나만 일찍 집에 들어와야 되느냐?"라며 부모를 탓하는 경향이 있습니다(Natalie Levisalles, 2009; Sheryl Feinstein, 2007).

그럼 부모들은 어떻게 해야 할까요? 문제가 발생하지 않도록 사전에 미리 예방하는 게 중요하고요. 통행금지 시간을 어겨서 문제가 발생하기 이전에 자녀와 충분한 의논을 통해서 적절한 통행금지 시간을 합의하에 정하는 것이 좋습니다. 이때는, 자녀의 나이와 성숙도를 반영해서 정해야 합니다. 당연히 나이가 좀 더 많은 자녀의 통행금지 시간이 더 늦어지게 되겠지요. 자녀와 약속을 할 때는 부모와 자녀 모두 조금씩 양보하여 적정선을 정하는 것이 필요합니다. 서로 합의하여 사전에 동의했었기 때문에 이후 논쟁의 여지가 없어지죠. 만일 피치 못할 사정으로 늦게 된다면 "통행금지 시간이 되기 전에 먼저 전화하여 알린다."와 같은 규칙을 정해 두는 것도 좋습니다.

가족과 함께 있는 모습을 보이기 싫어함

청소년 자녀들이 가족들과 함께 있는 모습을 보이기 싫어하여 혹시 상처받은 경험은 없으신지요? 저희 애도 이렇습니다. 그런데, 이런 경향성이 전 세계 모든 청소년의 공통적인 특징이라고 해요. 그러니까 상처받지 마세요. 시간이 지나면 나아집니다. 아동기에 없었던 조망 능력이 생기고 이로 인해서 다른 사람들이 자신을 어떻게 볼까에 매우 신경을 쓰는 등 자의식이 매우 강해지게 되는데요. 이로 인해 스스로 느끼는 자신에 대한 강한 관심을 마치 다른 사람이 정말로 그렇게 느끼는 것으로 해석을 해 버립니다. 또한, 통상 자신의 부모들이 훨씬 기대에 미치지 못한다고 생각을 합니다. 이로 인해 스스로도 남들 보기에 이미 한심한 모양인데, 예측 불가능하고 게다가 어찌 보면 약간 어눌하기도 한 부모까지 옆에 있다는 것을 창피하게 여기게 되기도 하는 거죠(Natalie Levisalles, 2009; Sheryl Feinstein, 2007).

그럼, 부모님은 어떻게 해야 할까요? 이런 경향성은 중학교 시기와 고등학교 초반에 최고조로 달했다가 이후에 점점 줄어들게 된다는 것을 기억하시고요. 10대 자녀가 부모와 함께 있는 모습, 특히 가족 모두와 함께 있는 모습을 남들에게 보이는 것을 항상 좋아하지는 않는다는 것을 존중해주시는 것이 좋습니다. 자녀와 외출을 하고 싶다면, 일대일 외출을 하는 게 차라리 좋습니다. 가족이 모두 함께 외출하는 것은 문제를 일으키기 쉽습니다. 함께 외출했을 때는 즐겁고 편안한 시간을 보내세요. 함께 외출하는 기회를 어떤 중요한 것을 알려주기 위한 절호의 기회로 삼지는 마셔야 합니다. 그러면, 다시는 나중에 부모랑 외출을 하지 않게 될 테니까요.

가족 모임

다음은 가족 모임에 대해서 알아볼까요? 부모들은 10대 자녀가 가족과 함께 시간을 보내지 않는 것에 대해 불만이 많습니다. 거의 대부분의 가정이 이렇습니다. 하지만 이것은 좋은 전조랍니다. 우리 10대들은요. 가족으로부터 분화되어 하나의 독립된 개체가 되어가고 있는 것입니다. 가족 모임에 자주 참여하지 않는 것이 이들에게는 청소년기 동안 성취해야 할 과업인 자율성과 독립성을 키우는 데 도움이 됩니다(Natalie Levisalles, 2009; Sheryl Feinstein, 2007).

그럼 부모님들은 어떻게 해야 할까요? 자녀의 일정을 존중하고 그에 따라 움직여 주셔야 합니다. 자녀가 어렸을 때는 부모의 시간표와 일정에 따라 아이들을 움직였지만, 자녀의 청소년기에는 부모가 변화해야 합니다. 혼자 있는 시간, 친구와 함께 있는 시간, 가족과 함께 있는 시간의 균형을 맞추어 주는 것이 중요합니다. 너무 일찍 부모의 영향력으로부터 벗어나 지나치게 자유로워져서 또래에게 지나치게 의존하게 되는 것도 좋지 않습니다. 보다 큰 그림을 생각하면서 자녀가 자유 시간을 건강하게 보내는지 살펴보시는 건 반드시 필요합니다.

빈둥거림

청소년기의 특징 중 빼놓을 수 없는 것은 게으름이죠? 자주 보는 모습이시죠? 앞에서 살펴본 것처럼 10대들은 동기부여 기능을 담당하는 뇌 영역 회로의 활성이 낮아서 상황이 허락만 한다면 믿기 어려울 만큼 긴 시간 동안 빈둥거릴 수가 있답니다. 청소년의 뇌의 변화로 소파에 누워서 TV나 보도록 만들어져 있다는 점을 수시로 떠올리세요(Natalie Levisalles, 2009; Sheryl Feinstein, 2007).

그렇다면, 자녀의 게으름에 대처하는 부모님의 자세는 어떠해야 할까요? 이해하고 참아주어야 할 부분인 거죠. 어쩔 수 없어요. 이 또한 발달상 지나가는 과정이라고 여기시고 너무 염려하지 않는 것이 좋습니다.

방 정리 안 하기

청소년들의 특징인 '지저분한 방'은 '게으름'에서 설명된 동기부여를 하는 뇌의 기능이 낮은 것과 유사한 이유입니다. 신경 끄시기를 권합니다. 만일 그들의 지저분한 방이 거슬리신다면 방문을 닫고 자기 방은 자기가 알아서 하게 내버려 두세요. 집안의 다른 곳을 이렇게 어질러 놓는다면 그것까지 참아줄 필요는 없지만, 자기 방은 그들의 영역으로 허락해야 합니다. 자녀의 어질러진 방을 놓고 싸우는 것은 어리석은 행동이라는 점 잊지 마세요. 또, 자녀의 방을 허락 없이 들어가서는 안 되는데요. 자신의 영역을 침범했다는 불만을 야기할 수 있고, 비밀을 캐내려 한다는 오해를 받을 수도 있습니다. 단, 몇 가지 규칙은 요구할 수 있습니다. 이를테면, 빨랫감을 빨래통에 가져다 놓지 않을 경우, 직접 빨아서 입게 하기, 일정한 기간을 정해 두고 설거지거리와 먹다 남은 음식을 자신의 방에서 꺼내와 직접 설거지를 하게 하거나 버리게 하기 등이죠.

의사 결정하기

뭔가를 스스로 결정하기 어려워하는 청소년들이 매우 많습니다.

의사결정은 충분히 발달한 전두엽을 이용하여 이것저것 비교, 대조해보며 주의 깊은 협상을 필요로 하는 기술인 데 반해, 청소년 초기에는 전두엽 발달이 아직 완성되지 않아 좋은 결정과 나쁜 결정을 구분할 능력이 아직 없는 거죠. 이때 부모님의 역할이 중요한데요. 좀 여유를 갖고 고삐를 조금 늦추어 자녀들이 스스로 결정해 보고 그에 따른 결과를 직접 경험해 봄으로써 시행착오를 통해 배우도록 하는 것이 필요하죠. 작은 결정부터 시작하여 조금씩 더 큰 결정을 스스로 내리는 단계를 밟도록 허용해야 합니다. 다만, 위험에 대비해 안전망은 항상 준비되어 있어야 합니다.

컴퓨터게임

부모님과 가장 마찰이 심하게 빌어지는 몇 가지가 있죠? 게임 관련된 것인데요. 전자게임은 전형적으로 사려 깊은 반응이 아닌 반사적인 반응만을 요구하여, 편도체를 자극하고, 결과적으로 전두엽을 중화시킵니다. 지나치게 폭력적인 게임은 게임을 하고 있는 동안만이 아니라, 게임 이후에도 한동안 전두엽이 비활성화되게 만들어서 논리적이고 합리적인 사고능력이 억제된 채, 빠른 반사적 사고가 자극된 상태로 일상생활을 해나가게 만듭니다. 그뿐만 아니라, 폭력적 게임은 남성호르몬인 테스토스테론 분비를 촉진하여, 편도체를 더욱 크게 자극합니다. 그 결과, 격렬한 감정이 뇌 전체를 들끓게 하여 잔인성에 대해 둔감해지게 만든다고 합니다(Natalie Levisalles, 2009;

Sheryl Feinstein, 2007).

컴퓨터게임과 비디오게임에 관한 연구를 살펴보면, 게임의 문제는 공격성이 아니라 마음의 성장을 방해하는 것이 더 큰 문제라고 하는데요. 게임 기술을 연마하느라 많은 시간과 노력을 들이는 동안 이 영역의 뇌만 강력해져서 읽고, 쓰고, 계산하는 능력은 정상적으로 발달하지 못하게 되는 문제를 낳습니다.

수학 문제를 푸는 10대들과 닌텐도게임을 하는 10대들을 비교한 결과를 살펴보면, 수학 문제를 푸는 10대들의 뇌는 학습, 기억, 감정과 가장 관련이 깊은 영역인 전두엽의 좌우가 모두 활성화되는 반면, 게임을 하는 10대들의 뇌는 시각 및 운동과 관련된 뇌 영역만이 활성화됨을 알 수 있었습니다. 컴퓨터게임을 하는 학생들은 결국 뇌 발달과정을 방해하는 것이죠. 자신의 두뇌를 보다 나은 뇌로 발달시키기 위해 청소년 학생들은 무엇보다 책을 읽고, 수학 문제를 풀고, 환경과 상호작용하고, 사고하고, 친구들과 토론하고 이야기를 해야만 합니다.

SNS: Social Network System

이메일, 휴대폰 문자와 메신저, 채팅방, 블로그가 10대들에게 미치는 영향에 대해서도 궁금하시죠? 10대들은 숙제를 하면서 메신저도 하고 음악도 다운로드하는 등 한꺼번에 여러 행동을 합니다. 집중 안 된다고 잔소리를 하면 늘 대답은 정해져 있죠. “난, 멀티플레이어거든요?" 가끔 신인류는 정말 뇌가 다른가 싶기도 합니다. 그러나 그렇게 한 번에 여러 행동을 하는 것은 결과적으로 손해입니다. 미시간대학의 뇌 연구소장인 데이비드 메이어(David Meyer) 박사의 주장을 들어볼까요? 여러 가지 활동을 동시에 할 경우 한 활동이 중단될 때마다 뇌가 새로운 방향 설정을 위해 시간이 필요하다고 합니다. 특히 동시에 하고 있는 두 가지 활동이 서로 관련이 있는 것이면, 뇌의 동일한 영역을 사용하기 때문에 더 나쁘다고 하네요. 서로가 서로를 방해하기 때문인 거죠.

부모가 해야 할 일

게임이나 이메일, 휴대폰 문자와 메신저, 채팅방, 블로그 등과 관련해서 부모가 어떤 태도를 취해야 할지 정리해 볼까요? 먼저, 어떤 활동이 문제가 되고 어떤 활동이 문제가 되지 않는지 구분하세요. 이때 중용을 지키는 것이 중요한데요. 벌컥 화를 내기보다는 그 이전에 한 발짝만 물러서서 대화의 창을 열어 두어야 합니다. 또 컴퓨터와 TV 시간에 대해 적절한 제한을 정하고 이것은 지키라고 자녀와 합의해야 하고요. 숙제부터 마치고 나서 메신저나 인터넷을 하도록 허용해야 하고 식사 시간에는 TV를 끈다든지 등의 제한을 두어야 합니다(Natalie Levisalles, 2009; Sheryl Feinstein, 2007).

무엇보다 10대 초반의 자녀에게 폭력적인 게임은 금지시켜야 합니다. 댁의 컴퓨터와 TV는 어디에 설치돼 있는지요? 자녀들의 침실에 컴퓨터를 두는 것은 제한해야 합니다. 컴퓨터 화면과 TV 채널은 가족들이 모두 볼 수 있도록 공동 공간에 두어야 청소년의 컴퓨터와 TV 접근 시간 조절에 도움이 됩니다. 컴퓨터 사용 시간을 지키지 않거나 몰래 사용하는 일이 있는 경우, 숙제를 하거나 친구들과 놀거나 잠을 자는 데 들이는 시간보다 컴퓨터게임이나 메신저에 보내는 시간이 더 많다거나, 그만하라고 하는데 오히려 화를 낸다면 걱정할 만한 상황으로 여겨야 합니다.

오늘의 점검

앞서 청소년의 특징과 문화의 원인과 대처 방법에 대해 질문드렸습니다. 이 장을 읽으며 답을 찾으셨나요? 청소년의 일반적인 특징이라는 것을 확인한 후, 자녀를 대하는 방식이 어떻게 변화하게 될지 생각해 볼까요?

Q. 숙제 깜빡하기, 밤에 늦게 들어옴, 가족과 함께 있는 모습 보이기 싫어함, 가족 모임을 좋아하지 않음, 빈둥거림, 지저분한 방, 과도한 게임 등 이 장에서 다룬 청소년기의 특징과 문화 중 '우리 아이와 겪는 어려움'을 선택하여 어떻게 대처해야 할지 이 장에서 읽은 내용을 참고로 계획을 작성해 보세요.

우리 아이와 겪는 어려움

해당 문제:

대처 계획:

참고문헌

최성애, 조벽, (2012). **청소년 감정코칭**. 서울: 해냄.

Sheryl Feinstein(황매향 역) (2008). **부모가 알아야 할 청소년의 뇌 이야기**. 서울 : 지식의 날개.

Natalie Levisalles(배영란 역) (2011). 청소년, 코끼리에 맞서다. 서울 : 한울림.

Don Dinkmeyer(Sr), Gary McKay, Joyce McKay, Don Dinkmeyer(Jr)(황옥자, 이지연 공역) (2012). **청소년의 부모STEP**. 서울 : 창지사.

Sheryl Feinstein (2007). **Parenting the Teenage Brain**. Lanham, MD : Rowman & Littlefield Publishing.

5장

금실 좋은 부부

오늘의 이야기

자, 다음은 어느 부부와 나눈 대화입니다. 아래의 대화를 읽으며 장면을 생생하게 떠올려 보세요.

아내: 우리 부부가 함께 장 보는 시간은 일주일 중 가장 즐거운 데이트 시간이죠.
남편: 아이들은 친구들과, 저는 아내와 영화를 봅니다.
남편: 아침마다 아내와 조깅을 하면서 대화하다 보면 옥시토신이 절로 나옵니다.

1장에서 이런 내용의 연구 결과를 알려드린 적이 있습니다. 어느 연구에서 우리의 청소년 자녀들은 돈을 많이 벌어오는 아버지, 사회적으로 능력 있는 아버지보다 부부간의 사이가 좋은 아버지를 이상적인 아버지의 모습의 1순위로 꼽고 있었다는 내용 말이에요. 부모들은 우리의 청소년 자녀들이 모두 행복하기를 바라고 또 바랄 것입니다. 그렇다면, 우리의 청소년 자녀들이 행복하기를 바란다면, 부부가 서로 행복하게 잘 지내는 모습을 보여줄 필요가 있겠습니다.

체계 이론

금실 좋은 부부와 '갈등'

금실 좋은 부부는 과연 갈등이나 싸움이 없을까요? 그렇지 않습니다. 어떤 부부든 자라 온 환경이나 타고난 성향이 달라서 갈등이나 다툼이 없을 수는 없습니다. 갈등이나 다툼이 없다면, 그게 오히려 불건강한 부부일 것입니다. 그렇다면, 금실 좋은 부부는 갈등이나 다툼을 어떻게 다루어 나갈까요? 금실 좋은 부부에게도 갈등이 있고, 다툼이 있는데, 다루어 나가는 방법이 다릅니다. 싸우긴 싸우는데, 둘 다 이기는 싸움을 합니다. 이번 차시에서는 금실 좋은 부부가 서로 갈등이나 다툼을 어떻게 다루어 나가는지 알아보도록 하겠습니다.

부부 사이의 갈등이나 어려움, 문제 등을 다루는 원리에 대해서 다루는 이번 장의 내용은 체계 이론이라는 이론에 바탕을 두고 있습니다. 체계 이론에서 중요한 원리는 크게 두 가지인데요. 하나는 '전체성'이라는 것이고요. 다른 하나는 '순환적 인과관계'라는 것입니다.

부부 사이의 갈등, 어려움, 문제 등을 다룰 때 초기의 심리치료에서는요. '직선적 인식론'이라고 하여 갈등이나 문제의 원인을 단계적·직선적으로 거슬러 올라가서 문제의 시발점이라고 여겨지는 사람을 치료의 대상으로 하거나, 두 사람 중 누가 더 문제인가를 따져서 좀 더 문제가 심각하다고 여겨지는 사람을 치료의 대상으로 하는 경우가 많았었습니다. 그러나 이러한 심리치료의 방법이 효과가 없었던 것은 아니지만 효과의 한계가 있었고, 그래서 나오게 된 것이 체계 이론인데요. 체계 이론에서는 문제나 갈등이 발생했을 때 순차적으로 거슬러 올라가서 문제의 원인을 밝혀내려고 하거나, 원인이라고 여겨지는 행동 또는 그 사람을 바꾸려고 하기보다는 서로 간의 '상호작용하는 방식'을 바꾸려고 시도합니다.

예를 들어, 남편과 아내가 싸웠을 때, 아내는 남편에게 탓을 하며, "당신이 그렇게 말하지만 않았어도 내가 이렇게 행동하진 않았어. 그러니까 당신이 먼저 잘못한 거야." 이러고, 남편은 다시 아내에게 탓을 하면서 "당신이 그 이전에 우리 부모님한테 그렇게 행동을 했으니까 내가 그런 말을 했잖아. 그러니까 당신이 문제의 원인인 거야." 다시 아내는 "그럼 당신 부모님이 문제네. 부모님이 그렇게 행동하시니까 내가 그렇게 행동할 수밖에 없는 거지. 당신 부모님이 원인이네." 이렇게 앞으로, 앞으로, 원인을 찾아 거슬러 올라가게 되는데요. 서로 상대방 탓을 하기 바쁩니다. 그리고 서로의 말을 들어보면 모두 맞습니다. 누가 먼저 잘못했는가, 누가 더 잘못했는가를 헤아리려고 하게 되는데, 이렇게 해서는 상황을 나아지게 하는데 별 도움이 안 되더라는 것입니다. 혹시 댁에서 아내분과 갈등이나 다툼이 있을 때, 이렇게 접근하고 계시지는 않은지요? 체계 이론에서는 이렇게 직선적 인과관계로 접근하여 문제의 원인을 찾으려는 시도가 부부관계 개선에 그리 도움이 되지 않는다고 봅니다.

대신, 순환적 인과관계를 따르는데요. 순환적 인과관계는 단순히 어떤 하나의 행동이 다른 행동의 원인이라 할 수 없고, 각자의 행동은 상호적인 순환적 고리를 형성한다고 봅니다. 관계상의 문제를 전체적인 맥락에서 파악하고, 이러한 관계적인 요소들이 어떻게 서로 상호작용하는지 살펴보아야 한다고 주장합니다. 즉 상호작용 패턴과 고리에 초점을 둔다는 거죠. 부부관계에 갈등이 있을 때, 남편이 아내에게 어떤 행동이나 말을 했어도, 아내가 그것에 대응하는 방식이나 반응을 다르게 하면, 남편의 그다음 반응은 달라질 수 있다는 것입니다. 그 반대도 마찬가지이겠지요. 변화를 위해서 구성원 자체를 변화시키는데 집중하지 않고, 체계를 구성하는 각 요소의 상호작용하는 방식을 변화시키는 데 초점을 두게 됩니다.

체계 이론에 대해서 다시 한번 정리하자면, '전체성을 강조한다.'라고 말씀드렸습니다. 체계의 한 부분은 전체 체계의 변화로 이어진다고 봅니다. 다음 두 번째는 '순환적 인과관계'라고 했습니다. 문제를 이해할 때, 원인과 결과보다는 서로가 서로에게 영향을 '주고받는 과정'에 주목한다는 것입니다. 내용보다는, 즉 다시 말해서 '뭐라 말했고, 어떤 행동을 했고' 하는 것(what의 부분)보다는 행동 속에 있는 의사소통적인 부분, 표현되는 방식(how의 부분)을 강조한다는 것입니다. 이를테면, 말할 때의 표정, 어투, 행동할 때의 표정, 분위기, 맥락

등을 중시합니다.

예를 들어서 어떤 아내가 남편에게 "오늘 민수를 학원에서 10시에 데려오는 거 당신이 좀 해줘요."라고 하는 것과, "왜 민수 학원 라이드는 맨날 내가 해야 돼요? 오늘은 당신이 좀 해봐요." 하는 것, 어떠세요? 다르지요? 똑같이 내용은 민수의 학원 라이드를 해달라는 건데, 표현되는 방식이 다릅니다. 남편이 "아, 나 오늘 회사에 회식 있어서 좀 늦어. 오늘은 안 되겠어, 미안해. 내일 할게." 하는 것과, "오늘은 안 돼, 끊어."라고 하는 거, 어떠세요? 매우 다르지요? 내용은 같아요. 모두 '오늘은 안 되겠다.'라는 건데, 표현되는 방식이 다릅니다. 내가 먼저 변하라는 겁니다.

체계 이론에서는 지속적으로 진행되어왔던 부부의 부정적이고 고정된 상호작용의 고리, 즉 다시 말하면 악순환의 반복되는 패턴을 변화시키는 데 초점을 맞춥니다. 부부는 하나의 체계입니다. 따라서 부부 사이의 관계는 순환되고요. 상호작용입니다. 각 배우자의 반응은 상대편 배우자의 반응을 유발하는 신호라고 볼 수 있어요. 내가 어떻게 말했고, 어떻게 대응했는가, 어떤 표정과 어투로 말하고 행동했는가, 하는 것이 상대방의 다음 반응을 결정합니다. 그럴 것 같지 않으세요? 결국, 부부관계를 개선할 수 있는 열쇠는 나한테 있다는 의미입니다. 너무 쉽죠? 남을 변화시키는 것보다 내가 변하는 게 더 쉽잖아요. 그렇죠? 부부의 행동은 부부의 상호작용 체계를 재활성화하는 방향으로 조직화됩니다. 한 사람만 변하면 부부관계는 변합니다. 가장 효율적이고 경제적인 방법은 내가 먼저 변하는 겁니다.

그게 가장 빠른 방법입니다. 세상에서 가장 어려운 게 남을 변화시키는 것입니다.

금실 좋은 부부의 대화법

앞서 살펴본 체계 이론의 금실 좋은 부부의 대화법을 여기에 정리해 보았습니다. 첫째, 상호작용 태도, 즉 패턴을 변화하세요. 친밀감과 유대감을 증진시키는 방향으로 변화하세요. 친밀감이 높아지고 유대감이 안정되면, 융통성이 높아집니다. 융통성이 높아지면 상황에 반사적으로 반응하기보다는 반영을 할 수 있는 여유를 가질 수 있습니다. 둘째, 지나간 사건을 들추어 원인을 따지기보다 현재의 경험에 초점을 맞추어 보세요. 이때, 상대 배우자를 탓하기보다 각자 자신의 욕구와 소망을 표현하는 것이 좋습니다.

부정적 상호작용의 고리(패턴)

부부갈등에 대처하는 몇 가지 패턴

부부 상담을 오래 한 전문가들이 많은 부부와 상담을 하다 보니, 부부간의 갈등을 대처하는 유형이 다음과 같이 대표적인 몇 가지 패턴으로 분류할 수 있더라고 합니다. 첫 번째 패턴은요. '위축자-공격자' 패턴이라고 하는데요. 여기서 위축자는 다른 말로 표현하면 회피자라고도 하고요. 공격자는 다른 말로 표현하면 추적자 또는 비난자라고도 합니다. 위축자들은 어떠한 특성을 보이냐면 부부간의 갈등이 있을 때, 거리를 두고요. 벽을 쌓고요. 침묵을 지킵니다. 그리고 반응을 보이지 않습니다. 다시 말해서, 둘 사이의 상호작용에서 뒤로 물러나는 패턴을 보이는 사람을 위축자, 또는 회피자라고 합니다. 공격자는요. 갈등이 발생했을 때, 상대방을 공격하거나 비난하거나, 상대방 탓을 하거나, 지적하거나, 화가 나서 마구 화를 내며 상대방을 쪼아대는 사람을 말합니다. 첫 번째 유형이 이러한 '위축자-공격자' 패턴입니다(박성덕, 이우경, 2008).

두 번째 패턴은, 두 사람 다 위축자 패턴을 보이는 것입니다. '위축자-위축자' 패턴이라고 합니다. 세 번째 패턴은요. 두 사람 다 공격자 패턴을 보이는 것입니다. 그래서 이것을 '공격자-공격자' 패턴이라고 합니다. 네 번째는요. 복합유형이라고 하는데요. 첫 번째, 두 번째, 세 번째를 복합적으로 보이는 유형을 말합니다. 다섯 번째는요. '반응적 공격자-위축자' 패턴이라고 하는데, 이 다섯 번째 패턴은 기억하지 않으셔도 좋습니다.

다섯 가지 패턴 중에서 첫 번째인 '위축자-공격자' 패턴이 부부 상담 장면에서 보면 가장 흔한 상호작용의 패턴이라고 하는데요. 그래서 우리는 이 첫 번째 패턴에 대해서 조금 더 자세히 알아보도록 하겠습니다. 이 위축자-비난자 패턴은 한 사람이 비난을 하고요. 다른 사람은 점점 위축되면서 관계가 악화되고, 서로에게 실망하는 패턴을 보입니다. 이렇게 해서 악순환의 고리가 한번 형성되게 되면, 그러한 부정적 고리에서 벗어나고 싶지만, 점점 깊게 빠져들어 가게 됩니다.

이때, 사실은 두 사람 모두 내면에는 서로에게 접근하고 싶고, 관심받고 싶고 상대방과 유대감을 형성하여 잘 지내고 싶은 정서가 있다는 것을 이해하고 상대방이 문제라고 생각하는 것에서 벗어나 '문제에 갇힌 고리(패턴)가 문제다', 즉 '상대방이 문제가 아니라 우리 사이에 형성된 악순환의 상호작용이 문제다.'라는 인식을 넓혀 가는 게 도움이 됩니다. 부정적인 상호작용 고리의 이면에 사실은 '유대를 형성하고 싶은 욕구'가 두 사람 모두에게 있다는 것을 이해하셔야 합니다. 비난/위축 태도의 이면에는 배우자로부터 배려받고 존중받기를 원하며, 배우자와 사실은 갈등을 피하고 싶고, 깊이 연결되고 싶어 하는 마음이 있다는 것, 즉 다시 말해서 친밀감의 욕구, 유대감이나 애착을 형성하고 싶은 욕구가 있다는 것을 기억하셔야겠습니다.

위축자-비난자의 일반적 정서

위축자와 비난자의 일반적인 정서를 이해하시면 상대방의 마음을 이해하는 데 도움이 되겠죠? 위축자는 거절에 대한 두려움, 부적절감, 실패에 대한 두려움, 압도되는 감정, 무감각 또는 경직된 감정과 두려움, 무가치감, 평가받고 비난받는 느낌, 수치심, 공허감이 강하게 자리 잡고 있는 것으로 알려져 있습니다. 공격자는 상처, 외로움, 무가치감, 존재감의 상실, 고립감, 중요하지 않다는 느낌, 버려진 느낌, 절망감과 관계가 끊어진 느낌, 불행감이 주된 정서를 이루고 있음을 알 수 있습니다. 결국, 위축자도 비난자도 모두 두려워하는 감정, 상처받고 싶지 않은 감정이 있는 거예요. 자신이 상처받고 싶지 않아서 방어적으로 상대방을 탓하거나 피하게 되는 거죠(박성덕, 이우경, 2008).

부부 간의 갈등 및 대화

행복한 결혼 생활을 위한 다섯 가지 열쇠

마크만, 스탠리, 블룸버그(Markman, Stanley, Blumberg, 2012)는 PREP, 즉 'Prevention and Relationship Enhancement Program: 부부갈등 예방 및 관계 개선 프로그램'에서 행복한 결혼 생활을 위한 다섯 가지 열쇠를 다음과 같이 말하고 있습니다. 하나씩 살펴볼까요? '**첫 번째 열쇠, 세월은 약이 아니다, 지금 결단하라, 두 번째 열쇠, 상대방을 바꿀 수는 없다, 자기가 할 바를 하라, 세 번째 열쇠, 안전한 분위기를 조성하라, 네 번째 열쇠, 부부에게도 로맨스와 우정이 필요하다, 다섯 번째 열쇠, 결혼 생활에 헌신하라**'입니다. 실생활에서 실천해보세요.

의사소통의 적신호, 네 가지 패턴

부부관계에 있어 의사소통을 가로막는 적신호로 여겨지는 네 가지 패턴이 있습니다. 첫 번째는 '갈등 고조'인데요. 서로 티격태격하며 사태를 더 악화시키게 되는 것을 말합니다. 서로를 헐뜯는 말이나 상대를 할퀴는 말로 돌변하게 되죠. 분을 참지 못해 어떻게든 이겨보려고 과거의 상처를 들춰내고 말하게 되는 결과를 낳죠. 때문에 갈등이 고조되기 전에 갈등을 초기에 제압해야 합니다.

의사소통 적신호 패턴 두 번째는요. '상대방을 인정하지 않거나 수용하지 않기'입니다. 무시하기, 인신공격, 경멸까진 아니더라도 감정을 은근히 무시하는 것 등이 이에 해당하는데요. 이는 미리 예방하고, 서로를 존중하고, 상대의 입장과 감정을 인정하는 태도를 견지해야 합니다. 세 번째 패턴은요. '부정적 해석'입니다. 상대의 동기를 곡해하거나, 상대의 동기를 실제보다 더 부정적으로 보는 형태로 드러납니다. 이것은 상대방에게 원인을 돌리기보다 자신의 부정적인 해석과 싸우기 위해 자신의 심중을 살피는 것이 필요합니다. 오직 자신만이 자신의 부정적인 해석과 싸워 극복할 수 있으니까요.

의사소통 적신호 패턴 네 번째는 '물러나기와 회피'입니다. 물러나기와 회피는 비록 그 정도가 높지 않더라도 불행한 대인관계와 이혼의 도화선이 될 수 있으므로, 예방해야 합니다. 조금 힘들더라도 어느 시점에서 멈출 필요가 있는데요. 이 패턴을 방치하면 사태를 더 심각하게 만들고 말죠(Markman, Stanley, Blumberg, 2012).

부부 간 갈등에서 남녀의 차이

부부간 갈등을 다룸에 있어서 남녀 간의 차이에 대해서도 조금 알아두시는 게 도움이 될 것 같습니다. 늘 이런 것은 아니고요. 이런 경우가 많다는 것입니다. 먼저 첫 번째는요. 두 사람 중 한편은 말하고 싶지만, 상대방은 그렇지 않을 때가 있습니다. 이때는 서로 원하는 바가 달라서 그러는 경우가 많은데요. 일반적으로는 여성들은 관계를 중요시하는 경우가 많고요. 의사소통 자체를 중요시하고, 허심탄회한 대화를 중요시하는 경우가 많습니다. 이에 비해서 남성들은요. 평화를 지키고 싶어 하고, 갈등을 피하고자 하는, 갈등 회피에 대해 갈망하는 경우가 많습니다.

또한, '친밀감'에 대해 지향하는 바가 서로 다르기도 합니다. 다시 말해서 원하는 친밀감의 종류가 다르기도 한데요. 여성들의 경우에 많은 경우는, '언어적인 소통'을 할 때 서로 친밀하다고 여기는 데 비해서, 남성들의 경우는요. 어떤 '활동을 함께' 할 때, 친밀하다고 여기는 경우가 많습니다.

세 번째는요. 대화를 기피할 때, 그 이유가 서로 다른 경우가 많다는 건데요. 다툼으로 번질까 봐 두려워서 아예 그럴 기미가 보이면 대화를 중단하고 침묵 모드에 돌입하는 사람도 있습니다. 이것은 그저 다툼을 피하고 싶기 때문이기도 한데요. 갈등에 맞닥뜨린 남성은 대화를 회피할 가능성이 여성보다 높은 것으로 알려져 있습니다.

소통을 방해하는 의사소통의 5가지 주요 필터

소통을 방해하는 의사소통의 5가지 주요한 필터가 있습니다. 이것들은 우리가 말하고 듣는 이야기와 이를 해석하는 과정에 부정적으로 영향을 미치게 되는데요. 이 필터들은 우리의 감정, 생각, 경험, 가정, 문화적 환경에 따라 결정됩니다. 첫째, 주의산만, 둘째, 감정 상태, 세 번째, 기대와 믿음, 넷째, 대화 패턴의 차이, 다섯째, 자기 보호, 이런 것들이 의사소통을 방해하는 다섯 가지 주요 필터입니다 (Markman, Stanley, Blumberg, 2012).

갈등 시 대화법: SLT(Speaker-Listener Technique) 기법

갈등 시에 사용할 수 있는 대화법을 하나 소개해드리려고 합니다. SLT, 즉 스피커-리스너 테크닉[화자(話者)-청자(聽者) 기법]이라고 불리는 대화 기법입니다. 민감한 주제를 다룰 때는 갈등이 더 고조될 수 있습니다. 실망하게 될까 봐, 거부당하게 될까 봐, 혹은 인정받지 못할까 봐 불안감이 복잡하게 뒤얽힐 수 있습니다. 이럴 때의 처방은 첫째, 편안한 마음을 조성하는 것이고요. 둘째는 일정한 구조가 있으면 정서가 안정될 수 있다는 것입니다. 자칫 혼란스럽고 감정적으로 휘둘릴 수 있는 대화에 예측 가능한 질서가 잡히게 되죠. 이 SLT 대화법은 이렇게 혼란스러운 갈등 상황에서 구조와 질서를 잡는 데 유용하게 사용할 수 있는 대화법입니다.

갈등 시 대화법, SLT 중 스피커의 규칙, 즉 화자의 규칙부터 알아보겠습니다. 첫 번째는요. '독심술은 금물, 자신에 대해 말하라'입니다. 상대의 마음을 짐작하면서 말하지 말아야 합니다. 다시 말해, 청자의 관점이나 동기가 아닌 자신의 감정이나 고민을 말해야 한다는 것이죠. 둘째, '주저리주저리 늘어놓지 말라'입니다. 상대방이 경청할 수 있도록 어느 정도 끊어서 이야기하는 것이 효과적입니다. 세 번째는요. '정리할 기회를 주어라'인데요. 자신이 방금 한 말을 상대방이 정리할 기회를 주어 제대로 의미와 의도가 전달되었는지 확인하는 게 필요합니다(Markman, Stanley, Blumberg, 2012).

다음은 갈등 시 대화법 SLT 중 리스너의 규칙, 즉 청자의 규칙입니다. 첫째, '들은 이야기를 정리하라'입니다. 화자가 이야기한 내용을 다시 말해보는 것입니다. 자신이 들은 대로 정리해보고 제대로 이해했는지 확인합니다. 두 번째는요. '반박하지 말고 화자의 메시지에 집중하라'입니다. 화자가 말을 하고 있는 동안에는 청자는 자신의 의견을 말할 수 없습니다. 설령 속이 뒤집어지는 한이 있더라도 화를 내지 말고 상대방의 메시지에만 집중해야 합니다. 입이 간지러워도 발언권을 다시 받을 때까지 기다리십시오. 청자는 이해가 되지 않을 때만 입을 열 수 있으며, 그 밖의 발언이나 제스처는 금물입니다. 표정도 허용되지 않습니다.

사건 vs. 이슈

부부간의 갈등을 다루는 방법 중 하나는 사건과 이슈를 구분해서 다루는 것인데요. 부부 싸움의 원인이 되는 주요 이슈들에는 돈, 성관계, 대화 부족, 배우자 가족과의 관계, 자녀 문제, 술, 약물, 종교, 직업, 집안일 등이 있습니다. 이러한 이슈들을 시간이 해결해주려니 하며 사태를 방관하다 보면, 늘 되풀이되는 갈등을 효과적으로 극복할 수 없겠죠? 사건과 이슈를 분리할 필요가 있습니다. 이는 이슈를 그냥 지나치지 않고 언젠가는 다시 꺼내리라는 믿음이 있을 때만 효과가 있습니다. 부부 금실을 회복하려면 이슈를 컨트롤할 수 있어야 하겠죠? 좋은 기회에 이를 심도 있게 의논하자고 합의하고, 나중에 시간 내어 적기에 꼭 다루어야 합니다(Markman, Stanley, Blumberg, 2012).

부부관계에서 숨은 이슈가 있다는 것을 알게 하는 4가지 지표가 있는데요. 첫째가 부부갈등 시, 진전 없이 쳇바퀴를 돌 때, 둘째, 사소한 문제가 험악한 언쟁으로 비화 될 때, 셋째, 결혼에서 금기시하는 화두들, 즉 섹스, 외모, 이전 배우자에 대한 감정 및 질투, 거절당할까 봐 쉬쉬하는 주제들을 지속적으로 회피하고 있을 때, 넷째, 점수 매매기 등이 반복된다면 이때가 바로 숨은 이슈가 있는 것이므로, 잘 확인해야 합니다. 숨겨진 이슈를 감지했을 때는 '해결책'을 찾기보다는 상대의 감정이나 생각에 집중해야 합니다. 경청은 가장 강력한 수용의 기술이니까요.

쉬어가기

아빠의 약한 모습, 보여도 될까?

아빠의 약한 모습을 보여도 될까요? 아이들에게 아빠의 연약한 모습을 보이는 것은 적절하지 않은 것인지, 아이들은 아빠의 연약한 모습을 어떻게 받아들일지 알아볼까요?

아빠의 인간적인 모습은 자녀와의 소통에 도움이 된다.

때로는 아이들 앞에서 정직하게 자신의 약점과 연약함을 드러내는 것이 아이들과의 소통에 도움이 될 때가 있습니다. 부족하고 연약한 아빠는 나쁜 아빠가 아닙니다. 아이들은 아빠의 뛰어난 능력보다도 아빠에게서 '고맙다, 사랑한다, 대견하구나, 너를 믿는다…'와 같은 말을 들었을 때 아빠에게 감사함을 느끼며 마음을 열게 됩니다.

이제 자녀 앞에서 솔직해져요. 중년에 진입한 청소년의 아빠들은 무한 경쟁의 시대에 진입한 40대 이상의 남성들이죠. 아빠의 고단한 삶을 아이들이 볼 수 있게 하는 것이 아이들에게 부담이 될까 봐, 혹은 아빠들은 가정의 모든 책임을 지고 근엄한 모습을 보여야 한다는 편견으로 자기 내면을 솔직하게 드러내지 못하는 분들이 있을지도 모릅니다. 하지만 아빠가 모든 두려움과 걱정을 짊어지기를 바라는 자녀들은 없을 것입니다.

아이들은 사춘기에 진입하면서 아빠의 모습을 절대적인 것이 아닌 상대화하여 객관적으로 보게 됩니다. 아빠가 하는 말의 논리적 허점을 금방 느끼게 되고, 과도하게 화내는 아빠에게 부당함을 느끼는 등 나름의 비판적인 시각을 갖게 됩니다. 솔직해지는 것, 그것이 자녀와 깊은 소통을 할 수 있는 지름길입니다.

[출처: 대한민국 여성가족부 블로그 '가족사랑'
http://blog.naver.com/mogefkorea/220932232498
"청소년기 자녀가 있는 아버지 양육가이드북"-<함께 행복한 아빠되기>]

패러다임 전환

문제 해결 중심의 접근방식을 버리라

금실 좋은 부부가 되기 위해서 사고의 획기적인 전환, 즉 패러다임 전환이 필요한데요. 첫 번째는요. '문제 해결 중심의 접근방식, 결론부터 내겠다는 태도를 버리라'는 것입니다. 친밀한 관계에서는 문제 해결보다는 부부가 서로를 이해하는 것이 더 중요합니다. 서로를 이해하기 위해 문제에 대한 의견 교환을 하는 것이 먼저 필요한데요. 서로를 존중하고 포용하는 분위기를 조성하면 문제 해결은 한결 수월해집니다. 해결방안을 찾기 전에 문제에 대한 논의가 먼저입니다. 많은 경우, 충분히 의논을 한 것만으로도 더 이상 문제 해결 방안을 찾을 필요가 없죠. 그저 좋은 의논만 해도 그것으로 충분하기도 하다는 것입니다. 부부들이 다투는 문제의 70%는 굳이 해결할 필요가 없는 것들이죠. 그다음은 화가 났을 때, 화가 난 이유를 소상히 밝혀야 합니다. 전달하려는 메시지는 쏙 빼놓고 분노와 짜증만을 표출하여 소통에 혼란을 초래하기도 합니다. 이렇게 해보세요. "당신이 X 상황에서 Y를 할 때, 나는 Z를 느낀다."라고 말해보세요. 상대방을 탓하는 것이 아니라 시간적 연관성만 기술해도 충분합니다 (Markman, Stanley, Blumberg, 2012).

우정을 지켜라

패러다임 전환 두 번째는요. '우정을 지켜라'입니다. 우정은 서로에게 친구가 되어주는 것이죠. 이 우정은 모름지기 정원처럼 가꾸어야 합니다. 우정과 같은 유대감은 감정을 나눌 때 더욱 돈독해집니다. 그렇다면 배우자를 친구로 만드는 대화법에는 어떤 것이 있을까요? 차근차근 살펴볼까요? 첫째, '문제 해결에 연연하지 마라'입니다. 부부가 '우정 모드'에 있을 때는 문제를 꺼내지 않는 게 좋습니다. 둘째, 기쁨을 나누면 두 배가 된다는 사실은 익히 알고 계시죠? 우정을 가꾸는 대화법 셋째는요. '친구처럼 들어 주어라'입니다. 배우자를 변화시키려고 들어선 안 됩니다. '지도편달' No, No. 우정을 가꾸는 대화법 마지막은요. '정서적인 버팀목이 되어주어라'입니다. 외우지 말고 실천하세요(Markman, Stanley, Blumberg, 2012).

바라는 것을 항상 얻지는 못하는 이유는 기대 때문

패러다임 전환 세 번째는 '바라는 것을 항상 얻지는 못하는 이유는 기대 때문임'을 아는 것입니다. 서로 다른 기대나 비합리적이고 비현실적인 기대 때문에 갈등이 생기게 되는데요. 이러한 어긋난 기대가 발생하게 되는 세 가지 원천은 결혼 전의 각자의 원가족, 과거의 관계, 성장해 온 문화 등입니다. 그러면, 기대에 대응하는 지침을 살펴볼까요? 상대방에 대해 뭔가 서운함이 있다면, 그것은 어떤 기대가 작용하고 있다는 방증입니다. 그럴 땐 자신이 기대하는 바가 있다는 사실을 의식하세요. 비합리적인 기대는 갈등을 유발하는 원인임을 살펴보았습니다. 합리적으로 기대하는 연습을 하세요. 그리고 기대를 분명하게 말로 표현하는 것이 중요합니다. 종종 배우자가 나의 생각을 안다고 지레짐작하는 탓에 혹시라도 불만이 생기면 상대가 고의로 내 기대를 저버렸을 거라고 해석하게 되기도 하니까요. 자신의 기대가 합리적인지 판단한 후, 배우자와 의논하세요. 또, 상대의 기대를 만족시키기 위해 노력할 때 관계가 더욱 원활해집니다. 마지막으로 건강한 슬픔을 갖는 것이 가장 깊은 수용이라는 것인데요. 합리적인 기대를 상대에게 분명하게 전달했지만, 그것이 전혀 충족되지 않을 수 있습니다. 이때는 수용하십시오. 소원을 전부 이룰 순 없습니다. 좀 더 성숙한 사람은 성취할 수 없는 것에 대해 슬퍼하거나 가슴 아파하지만 분노하거나 좌절하진 않습니다(Markman, Stanley, Blumberg, 2012).

습관 깨기

패러다임 전환 네 번째는 '습관 깨기'입니다. 부부 사이의 반복되는 갈등이 문제가 될 때, 또는 상대방의 어떤 행동이 맘에 안 들어서 바꾸고 싶을 때, 대부분의 부부들을 보면요. 지금까지 사용하던, 약효가 없었던 방법을 또 사용하고 또 사용하고 합니다. 효과가 없었는데도 불구하고 똑같은 방법을 또 사용하는데, 전에 효과가 없었으니까 이번에는 강도를 더 세게, 그리고 간격을 더 짧게, 더 자주 같은 방법을 반복하곤 합니다. 그래도 결과는 동일하죠. 역시 이번에도 효과가 없습니다. 그러면, 어떻게 해야 할까요? 일이 잘 진행되지 않을 때의 패턴을 이제 그만하고, 다른 새로운 것을 시도하셔야 합니다. 효과가 없다면 그만두고, 다른 것을 시도해야 합니다(Weiner-Davis, 2010).

예외 상황은 해결의 실마리

다섯 번째는 '예외 상황은 해결의 실마리를 보여 준다'라는 건데요. 다른 새로운 방법을 시도하는 데 있어서 예외 상황을 활용하시면 좋습니다. 부부간에 동일한 같은 패턴으로 반복하여 싸우더라도, 잘 들여다보시면 어쩌다 한 번, 열 번 중에 한 번은 예외적으로 문제가 악화되는 것을 잘 피해 갔거나 상대적으로 문제가 적었던 예외적인 경우들이 있습니다. 이렇게 예외적인 경우들에는 어떻게 해서 그렇게 문제를 잘 피해 갈 수 있었는지, 어떻게 해서 더 큰 갈등으로 비화되지 않고 거기서 멈출 수 있었는지, 그때는 뭐가 달랐던 건지를 면밀히 점검을 하셔서 그때의 그런 예외적인 경우들의 팁을 다시 활용하시면 좋습니다. 이렇게 되면 자신의 문제를 스스로 조정할 수 있는 자신감과 해결책을 갖게 됩니다(Weiner-Davis, 2010).

작은 변화가 미치는 영향력

여섯 번째는 '작은 변화는 다른 사람과의 상호작용에 영향을 미친다'는 겁니다. 문제가 있을 때 관련된 모든 사람이 다 관여할 필요 없이 어느 한 사람만 변하면 상호작용도 변하게 마련입니다. 그렇다면, 내가 먼저 변하는 게 가장 빠른 방법이겠죠(Weiner-Davis, 2010)?

갈등 해결을 위한 시간제한 기법(TLT)

일곱 번째는 '갈등 해결을 위한 시간제한 기법(Time Limited Technique: TLT)'입니다. 갈등을 다룰 수 있도록 미리 합의하에 시간을 정해 놓고요. 그 시간을 활용하는 방법입니다. 특히, 맞벌이 부부들이 사용하시면 좋은데요. 예를 들면, 매주 목요일 오후 8시~8시 30분까지 30분간 또는 20분간, 이렇게 시간을 미리 정해 놓고요. 만일에 월요일이나 일요일 오후에 둘 사이에 갈등이 발생했다면 목요일에 다루기로 하고, 그때는 일단 그냥 넘어가는 겁니다. 그러고 나서 목요일 그 시간이 되면 그때 다룹니다. 그러는 사이에 문제가 좀 더 객관적으로 보이게 되기도 하고요. 덜 심각하게 여겨지기도 하고, 해결책이 좀 더 생각나기도 합니다. 그러나 무엇보다도 시간이 한정된 갈등 해결 회기를 반복하는 것은 비생산적인 상호작용의 패턴을 중지시키는 세 가지를 인식하게 만듭니다. 먼저 첫째는 '문제를 해결할 시간을 반드시 갖게 될 것이다'라는 인식, 두 번째는 '이 논의는 한 시간, 두 시간 마냥 마냥 늘어나는 것이 아니라 한정된 시간 안에 끝나게 될 것이다'라는 인식, 세 번째는 '지금의 이 의견 충돌은 미리 정해진 시간 내로 제한될 것'이라는 인식인데요. 이런 인식 덕분에 갈등을 다루는 데 있어서 좀 더 마음의 여유를 가질 수 있게 됩니다(Weiner-Davis, 2010).

전달 방식을 바꾸라

여덟 번째는 '전달하는 방식을 바꾸라'는 거예요. 메시지가 전달되는 태도가 그것이 어떻게 받아들여지는가에 영향을 미칩니다. 나의 메시지가 상대방의 귀에 실제로 들리도록 하기 위해서는 내가 매개 수단을 바꾸는 게 필요합니다. 부부간의 갈등 시에 내가 이런 말투로 말하면, 또는 이런 말을 하면, 또는 이런 행동을 하면, 내 배우자가 어떤 반응을 보일지 대개의 경우 예상을 할 수 있습니다. 이때, 배우자가 하리라고 예상되는 반응이 내가 원하거나 필요로 하는 반응인가를 헤아려 보시기 바랍니다. 만일에 아니라면 나의 반응, 전달하는 방식을 바꿔야 합니다. 많은 경우에 내가 상대방에게 속을 뒤집는 말이나 행동을 해놓고서 상대방이 속이 뒤집어져서 나에게 상처 주는 말이나 행동을 하게 되면, 억울하고 분해서 또 맞대응을 하게 되죠. 그래 놓고 상대방 탓을 하며 이렇게 악순환의 고리는 끝나지 않고 이어지게 됩니다. 하지만 대개의 경우, 내가 어떻게 말하거나 행동하면 원하는 반응을 끌어낼 수 있을지 알 수 있습니다. 내가 이 말이나 행동을 했을 때 예상되는 상대방의 반응이 내가 원하는 반응이 아니라면, 그런 말과 행동은 하지 마시기 바랍니다(Weiner-Davis, 2010).

자기 자신을 행복하게

패러다임 전환, 마지막 아홉 번째는요. '자신을 행복하게 하라'는 것입니다. 배우자를 향하여 탓을 하고 지적하고 손가락질하는 대신 취할 수 있는 다른 방법이 있죠. 바로, 스스로를 행복하게 만드는 것입니다. 그렇게 하면 배우자에게 덜 집중하게 되고 당신은 인생을 다시 즐길 만한 것으로 만들 수 있을 것입니다. 자신의 행복을 책임져야 할 사람은 그 누구도 아닌, 자기 자신임을 상기하세요(Weiner-Davis, 2010).

오늘의 점검

앞서 청소년 자녀가 바라는 이상적인 아버지에 대해 질문드렸습니다. 이 장을 읽으며 답을 찾으셨나요? 바로, 금실 좋은 부부의 모습을 보여주는 아버지였습니다.

Q. 금실 좋은 부부가 되기 위해 부부의 갈등을 어떻게 다룰지에 대해 생각해 봅시다. 금실 좋은 부부가 되기 위한 부부간 갈등을 다루는 방법과 자신이 행복해지기 위해 무엇을 해야 할지 다음 질문에 대한 답을 작성하고 실천해보세요.

1. 우리 부부에게 반복적으로 발생하는 갈등의 소재 중 이슈와 사건 구별하기

반복적으로 발생하는 갈등의 소재 중 이슈는?:

반복적으로 발생하는 갈등의 소재 중 사건은?:

---

2. 내가 배우자에게 갖고 있는 기대는?

배우자에게 갖고 있는 기대는?:

그 중 비합리적인 기대는?:

---

3. 나 자신을 행복하게 하기 위해 무엇을 해야 할까?

배우자와의 문제가 갑자기 해결된다면, 결혼 생활을 바꾸기 위해 걱정하면서 보내던 그 시간과 에너지로 무엇을 할 것인가? (써 보시고, 그것을 지금 당장 하세요.):

오늘 밤 기적이 일어나서 부부간의 모든 어려움이 사라지면 내일 무엇을 달리하고 있을 것인가? (써 보시고, 그것을 지금 당장 하세요.):

더 행복하다고 느껴진다면, 최근에 하지 않았던 무엇을 하게 될 것인가? (써 보시고, 그것을 지금 당장 하세요.):

참고문헌

김유숙 (2014). **가족치료: 이론과 실제**. 서울: 학지사

김유숙 (2016). **가족상담(3판)**. 서울: 학지사

박성덕, 이우경 (2008). **정서중심적 부부치료-이론과 실제-** . 학지사.

정문자, 정혜정, 이선혜, 전영주 (2007). **가족치료의 이해(2판)**. 서울: 학지사.

조흥식 외 (2001). **가족복지학**. 서울: 학지사.

한재희 외 (2015). **부부 및 가족상담**. 서울: 학지사.

Michele Weiner-Davis (이인수, 최대헌, 최명구 공역) (2010). **부부의 심리학**. 서울: 학지사.

Michele Weiner-Davis (2010). **Divorce Busting**. New York: Simon & Schuster.

Howard J. Markman, Scott M. Stanley, Susan L. Blumberg (2012). **행복한 결혼을 위한 세 가지 열쇠**. 서울: 시그마북스.

6장

10대와 소통하는 양육방식 (1)

오늘의 이야기

힘들게 공부하는 우리 아이에게 하나라도 도움이 되지 않을까 하는 마음에….

아빠: 배운 걸 그날그날 복습해야 공부를 효과적으로 할 수 있지.
아빠: 내가 고등학생 때, 영어 공부를 할 때에는 말이지.

이제 다 큰 것 같은데 자기관리를 못 하는 것이 답답하고 안타까운 마음에, 십 대가 되었으니 자기관리 잘하라고….

아빠: 네가 몇 살인데 자기 방도 정리를 못 해?
아빠: 언제까지 챙겨줘야 하니?

휴가 기간에 좋은 곳에서 좋은 경험 많이 했으면 하는 마음에 노력해왔는데, 좋은 곳 보고 좋은 경험 많이 하라고….

아빠: 조용히 하고 내 말만 듣고, 나만 따라와.
아빠: 이번 여름휴가는 부산에 갈 거야!

그 마음 몰라도 너무 몰라주는 우리 아이의 반응에 서운하기도 했을 것입니다. 부모 마음 몰라주는 아이, 혹시 여러분의 소통 방식에 문제가 있었던 것은 아닐까요? '나'는 소통을 과연 잘 해왔는지, 이번 장을 읽으면서 답을 찾아봅시다.

10대가 원하는 양육방식

10대 자녀들은 부모를 원한다

10대는 진정으로 부모를 믿고 자신의 부모를 높이 평가할까요? 그리고 함께 시간 보내는 것을 좋아할까요? 대부분의 10대 자녀는 자신의 부모를 믿고 높이 평가하며, 함께 시간 보내는 것을 좋아한다고 해요(Natalie Levisalles, 2009; Sheryl Feinstein, 2007). 부모가 이에 대해 확신을 갖는다면 가끔 10대 자녀들과 충돌이 있더라도 희망을 잃지 않을 것입니다. 10대 자녀들이 부모를 좋아하고 또 원하기 때문에, 부모는 그들의 정신적, 사회적, 정서적 행복에 영향을 미칠 수 있습니다. 그러므로 바른 영향을 미치기 위해서는 부모의 양육방식이 중요합니다. 그들과 소통하는, 그들이 원하는, 그리고 그들의 자신감과 자기 존중감을 높여주는 양육방식을 사용해야 한다는 의미죠. 이 내용을 기억하면서 전문가의 이야기를 들어보세요.

세 가지 양육방식

전문가들은 부모의 양육방식을 세 가지로 구분하고 있습니다. 이 세 가지 양육방식을 배우시면서 '나는 어떤 유형의 양육방식을 사용하고 있는지' 한번 점검해 보시기 바랍니다.

민주적 양육방식

첫 번째는 민주적 양육방식입니다. 10대들의 전두엽은 점진적으로 스스로 의사 결정하는 연습을 해 볼 기회가 필요합니다. 민주적 부모들은 이러한 기회를 갖도록 자녀에게 허용합니다. 물론 처음엔 서툴죠. 하지만 시행착오를 거쳐 점점 나아집니다. 자녀들은 스스로 결정을 내려 보고 책임을 져 보고 자율성을 발휘할 기회를 가지게 됩니다. 물론 나이에 맞는 결정을 내리는 게 필수적입니다. 또한, 당연히 10대의 뇌 발달에는 가만히 뒤에 있다가 필요시 도움을 줄 성인의 뇌가 필요하죠. 아직 완성되지 않은 뇌 상태이니까요.

민주적 부모들은 항상 방심하지 않고 있습니다. 문제에 대해 서로 얘기 나누기, 다시 말해서 가장 빈번하게 사용되는 훈육방식은 대화입니다. 대화는 최고의 훈육방식으로 여겨집니다. 체벌 대신 타임아웃이나 외출 금지 같은 것을 사용합니다. 민주적 부모의 10대 자녀들은 심리적·행동적 문제를 덜 겪는다고 알려져 있습니다. 학업 성적도 더 좋고, 자신에 대한 신뢰 정도도 더 높고, 불안 수준·우울 수준도 더 낮고, 비행도 더 적은 것으로 알려져 있습니다. 부모 두 분 모두 민주적이기 어렵다면 부모 중 어느 한쪽만이라도 민주적인 것이 두 부모 모두 허용적이거나 권위적인 경우보다 낫다고 합니다 (Natalie Levisalles, 2009; Sheryl Feinstein, 2007).

권위주의적 양육방식

두 번째 유형은 권위주의적인 양육방식인데요. "내가 곧 법이다." 가 모토입니다. 복종과 순종이 중요한 가치로 여겨지고요. 부모가 융통성 없는 지배자로 군림하는 모습을 보입니다. 이런 분위기에서 자라는 10대 자녀는 자신감이 없고, 대인관계에서 더 많은 문제를 보입니다. 의사결정을 연습할 기회가 없기 때문에 문제 발생의 소지도 더 많습니다. 가정에서의 체벌은 폭력 행동의 모델링으로 이어지게 되어 대인관계에서 폭력을 사용할 가능성이 높아지게 되는 거죠. 권위적 양육방식은 반항과 의존을 동시에 키우게 되는데요. 좀 유약한 성격의 아이들은 의존적이 되기 쉽고, 강한 성격의 아이들은 성적 문란, 비행 등에 빠지기 쉬운 등 반항적으로 흐르기 쉽습니다 (Natalie Levisalles, 2009; Sheryl Feinstein, 2007).

허용적 양육방식

세 번째 양육방식은 허용적 양육방식입니다. 여기에는 관대형, 방임형 두 가지 형태가 있습니다. 두 유형 모두 비일관적인 특징이 있습니다. 다시 말해서 부모가 일관성이 없다는 것입니다. 10대의 뇌는 편도체가 주도하고 있기 때문에 결정들이 논리적이고 이성적이기보다는 쾌락에 의해 좌우되는 경우가 많습니다. 따라서 부모는 친구가 아닌 부모가 되어야 합니다. 10대들은 아직 모든 것을 스스로 안전하게 결정할 준비가 되지 않았으므로 부모의 지도·안내가 필수적입니다(Natalie Levisalles, 2009; Sheryl Feinstein, 2007).

10대와 소통하지 않는 양육방식

10대와 소통하지 않는 양육방식은 설교, 잔소리, 부적절한 타이밍, 논쟁 등입니다. 각 불통의 양육방식, 어떤 특징을 갖는지 하나씩 살펴보겠습니다(Natalie Levisalles, 2009; Sheryl Feinstein, 2007).

설교·잔소리·부적절한 타이밍·논쟁

먼저, 설교를 보겠습니다. 부모들이 설교를 가장 선호하는 이유는 무엇일까요? 아마도 자녀들이 어려움과 좌절을 견디지 않아도 되도록 유용한 정보를 나눠 주고 싶어서일 것입니다. 하지만 10대들에게 결코 통하지 않는 방식입니다(Natalie Levisalles, 2009; Sheryl Feinstein, 2007). 두 번째로 살펴볼 것은, 자녀들이 싫어하는 잔소리입니다. 부모들은 반복적으로 계속 얘기하면 결국 자녀의 머릿속에 박힐 것이라고 기대합니다. 하지만 그렇지 않습니다. 반복된 얘기를 계속하는 지나친 잔소리는 무시, 화와 같은 직접적인 행동을 취하도록 할 수 있습니다.

세 번째는 부적절한 타이밍, 즉 설교하는 타이밍과 관련된 것입니다. 여러분 중에는 자녀가 어떤 행동에 열중해 있는데 이를 고려하지 않고 간섭을 한 경험이 있으신가요? 그때 자녀는 어떤 반응을 보였나요? 자녀가 무언가에 열중해 있을 때 간섭하는 것은 자녀의 감정을 폭발시키는 지름길입니다. 그렇다면, 10대 자녀와 중요한 이야기를 나누려면 어떻게 해야 할까요? 먼저 중요한 이야기를 나누고 싶다는 마음을 전하고 이야기할 시간을 합의하시기 바랍니다. 자녀가 바라는 예의를 먼저 갖추어야 그들과 대화할 수 있는 장을 만들 수 있습니다.

이번에는 논쟁을 보겠습니다. 부모와 자녀가 논쟁할 때, 이 둘은 서로 다른 뇌의 부위를 사용합니다. 다시 말해 부모는 전두엽을, 자녀는 편도체를 사용하는 것이죠. 그래서 양쪽 모두 활화산처럼 화만 끓어오를 뿐 피차 아무런 소득이 없습니다. 10대들은 깊은 생각을 해보지 않고 말하는 경우가 많기 때문에 부모는 화를 내기 쉬워지는 것이죠.

그럼 논쟁을 할 상황이 발생할 경우, 어떻게 하면 좋을까요? 3단 논법을 제안 드립니다. 이 방법은, 1. 논쟁을 하지 말고, 2. 하고 싶은 말을 하고, 3. 그대로 돌아서서 나오는 것입니다. 등 뒤에서 자녀가 무슨 말을 하더라도 놀라거나 분노하지 말고 그냥 무시해야 합니다. 힘겨루기에 동조하거나 자녀를 이기려고 해서는 안 됩니다. 마지막 말은 10대 자녀가 자신의 말을 내뱉도록 하는 것이 필요합니다. 10대 자녀의 말에 맞받아 말대답을 하지 말고 그들이 마지막 말을 하도록 내버려 두라는 의미입니다. 이것이 어른의 뇌(전두엽)로 10대의 뇌(편도체)를 다루는 최선이 방법입니다.

10대와 소통하는 양육방식

10대는 부모로부터 무조건적인 사랑을 받아야 합니다. 모든 행동을 허락하라는 것은 아니지만 어떤 행동을 하더라도 수용할 수 있다는 것을 알려주어야 할 필요는 있습니다. 또한 부모는 10대에 대해 높은 기대를 하고, 규칙과 한계를 정하여 알려주며, 또한 인내하고 기다려주어야 합니다(Natalie Levisalles, 2009; Sheryl Feinstein, 2007).

대화하기

10대와 부모 사이에 신뢰를 구축하는 최선의 방법은 대화입니다. 하지만 불행하게도 대화를 하는 것은 쉽지 않습니다. 청소년기에는 말을 하지 않거나, 삐딱하게 말을 하는 등 대화의 기술이 많이 저하되어 있기 때문입니다. 또한 자신의 정서를 잘 알아차리지도 못할뿐더러 편도체의 힘이 강해서 쉽게 감정에 치우치며, 전전두엽 피질은 아직 제대로 발달하지 않아서 의사소통에 이중 삼중의 어려움이 있습니다. 따라서 좋은 의사소통 기술을 가진 부모가 10대 자녀가 따를 수 있게끔 본보기가 되어주거나 고집부리고 쉽게 흥분하는 10대를 가라앉히고 진정시켜주기라도 해야 하는 것입니다.

10대의 뇌는 변화가 심해서 타인의 몸짓과 말을 오해하는 경우가 종종 있는데요. 드보라 유어겔런-토드(Deborah Yurgelun-Todd)의 실험 결과를 보면 그 이유를 이해할 수 있습니다(Natalie Levisalles, 2009; Sheryl Feinstein, 2007). 드보라 유어겔런-토드는 겁에 질린 표정을 하고 있는 여성의 사진을 성인과 청소년에게 각각 보여주는 실험을 실시하였는데요. 그 결과, 성인은 합리적 사고와 분석의 중심인 전두엽을, 청소년은 감정의 중심인 편도체를 사용한다는 것을 알게 되었습니다. 청소년은 성인과 다른 부위의 뇌를 사용하기 때문에 반응이 달랐던 것이죠. 실험을 통해 알게 된 것처럼 10대는 타인의 몸짓, 표정 등을 해석하기 위해 뇌의 감정 영역을 사용하기 때문에, 몸짓과 말을 자주 잘못 해석하고 잘못 이해하게 되기도 합니다. 예를 들어, 부모가 자녀의 대답을 기다리며 바라보는 상황인 경우, 10대 자녀들은 부모들이 화가 나서 자신을 쳐다보는 것이라고 오해하여 대들 수도 있다는 것입니다.

10대에는 전두엽 대신 편도체가 주도적 역할을 합니다. 우리 책에서 전두엽, 편도체 관련 얘기가 참 많이 나오죠? 이와 같이 전두엽 대신 편도체가 주도적 역할을 함으로써 대화가 쉽게 격해지고, 감정적이 되고, 평범한 말 한마디가 언어 학대나 폭언으로 돌변하기도 합니다. 이렇게 감정적으로 변화하기 때문에 자신의 문제를 사소한 것으로 만들어 버리곤 합니다. 10대들과 잘 대화하려면 비록 사소해 보이는 것이라도 그들의 의견을 존중하고 그들의 문제를 하찮게 여겨서는 안 됩니다. 어른들이 보기에 사소하고 하찮아 보여도 그 당시 그들에겐 가장 큰 문제인 것입니다.

부모는 완벽하게 명료하고 합리적인 생각을 표현했더라도 10대가 듣고 싶은 얘기와는 전혀 다를 수 있습니다. 그렇기 때문에 무엇보다 일단은 귀 기울여 들어야 합니다. 경청해야 하고 "시험문제가 예상했던 것과 다르게 나와 당황스러웠구나."와 같이 공감해줌으로써 자녀의 마음을 이해한다는 것을 먼저 알려야 합니다. 그래야 그들은 자신이 이해받았다고 느끼면서 자신의 감정이 진정됩니다.

다행히도 이들의 전두엽이 충분히 기능하기 시작하면 새로운 수준의 사고가 가능해집니다. 분석, 추론, 문제 해결, 언어 능력도 급속히 향상하게 되는네요. 따라서 우리는 이때까지 좀 더 기다려 줘야 합니다. 10대 자녀가 부모에게 그들의 문제나 어려움, 불만을 얘기할 때 부모로부터 늘 해결책을 바라는 것은 아닙니다. 자신의 문제를 스스로 해결하고 싶어 합니다.

'10대와의 대화에 도움이 되는 비결'을 알려드리겠습니다. 부모가 말을 하기보다는 더 많이 들으세요. 방어적인 태도의 10대에게는 '너'라는 용어보다는 '나'라는 말로 시작하는 것이 좋습니다. 10대에게서도 배울 수 있다는 가능성을 열어 두시고, 10대 자녀에게 부모를 가르칠 기회를 주세요. 자녀의 이야기에 초점을 맞추고, 부모의 이야기를 하고 싶은 유혹을 참으셔야 합니다. 그들의 의견이나 생각이 부모의 생각과 근본적으로 다르더라도 받아들이세요. 적극적으로 경청하고, 관심을 표현하기 위해 가끔씩 질문하는 것도 좋습니다.

적대적 감정이 아니라면 10대 자녀의 감정 상태에 맞춰주는 것이 좋습니다. 그리고 자녀의 기분이 가라앉아 있더라도 억지로 기분을 띄우려고 애쓰지는 마세요. 부정적 감정을 소화시키는 데 스스로 시간이 필요한 경우들이 많습니다. 공감하고 있음을 보여주고, 그들에게 감정이입을 하세요. 조언을 너무 많이 하시면 안 됩니다. 그들이 먼저 조언을 요구할 때까지 조언을 참으세요. 조언을 덜 하면 덜 할수록 청소년들이 필요시 부모한테 조언을 요청할 가능성이 더 커집니다. 자녀가 이야기하고 싶어 하는 주제가 무엇이든 무조건 다 말할 수 있도록 해주셔야 합니다.

말하기 전에는 늘 먼저 생각하시고요. 특히 민감한 사안일 때는 더더욱 그렇게 하셔야 합니다. 항상 긍정적이고 즐겁게 이야기하시는 것을 명심하셔야 합니다. 그렇지 않으면 말하다 말고 박차고 나가버리게 될 것입니다. 그리고 일반화를 삼가셔야 합니다. '다들 그렇잖아', '너희들 때는 다 그래', '너는 늘 그렇잖아' 이런 식의 일반화를 삼가셔야 합니다. 그리고 자녀가 단답형으로 대꾸할 수 있는 질문은 가급적 하지 않는 것이 좋습니다.

지금까지 10대와 소통하는 방식 중, '대화하기'에 대해 확인하였는데요. 10대들과 좋은 대화를 할 수 있는 방법은 10대들이 좋아할 만한 주제를 좋은 장소에서 이야기하는 것입니다(Natalie Levisalles, 2009; Sheryl Feinstein, 2007). 그렇다면 10대들과 함께 이야기할 수 있는, 좋은 주제에는 어떤 것이 있을까요? 좋아하는 과목, 친구들의 소식, 영화, 정치, 아이돌, 스포츠, 게임 등이 있을 것입니다. 좋은 주제는 상대적인 것이기 때문에 자녀가 어떤 주제를 재미있게 얘기하는지 늘 탐색하고 실험해야 할 필요가 있습니다. 10대 자녀와 대화하기를 원하나요? 그렇다면 섣불리 판단하지 말고 그들의 이야기에 귀를 기울이도록 노력하세요. '어떤 환경에서 이야기를 하는가' 도 중요합니다. 예를 들어, 스무디를 먹으러 나가거나 외식을 하러 나가는 자리는 이야기하기 좋은 곳에 해당합니다. 차를 타고 드라이브를 나가는 것도 10대 청소년을 달래는 데 좋습니다. 하지만 누구든 박차고 나갈 수도 있다는 것을 잊지 말고 단어 선택을 잘해야 한다는 것, 기억하시기 바랍니다[Dinkmeyer(Sr), McKay, McKay, Dinkmeyer(Jr), 1998; Levisalles, 2009; Feinstein, 2007].

지지자가 되어 주기

이번에 살펴볼 소통 방식은 '지지자가 되어 주는 것'입니다. 10대들은 어려움이 있을 때 기댈 곳이 필요합니다. 그들은 자신이 부모에게 기댈 수 있다는 것을 알아야 하는데요. 그 이유는 10대들은 편도체의 지배를 받기 때문에 위험한 행동을 하기 쉽고 현명한 결정을 내릴 줄 모르기 때문입니다. 따라서 부모는 적절한 시점에 안전망이 되어 주고 기댈 곳이 되어 주어야 합니다. 어려운 시기에 반드시 옆에 붙어서 잘못된 결정으로 인해 성인으로서의 삶을 망치지 않도록 도와야 하는 것이죠. 지지를 할 때는 잘못된 행동에 대해 스스로 책임을 지게 해야 하는 것도 잊지 말아야 할 것입니다(Natalie Levisalles, 2009; Sheryl Feinstein, 2007).

자율성 키워주기

세 번째로 살펴볼 방식은 '자율성 키워주기'입니다. 10대의 자율성을 키워주기 위해서는 스스로 자기 생각을 할 수 있게 격려해야 하는데요. 청소년 시기는 자율성을 확립하는 것이 가장 중요한 과업으로, 자부심을 탐색하고 찾아가는 시기라고 할 수 있습니다. 이 시기의 청소년은 부모와의 연결고리는 유지하면서 자신만의 정체감을 확립하고 싶어 하는 경향을 보이는데요. 이때 부모는 자녀 스스로 생각해 보게 하고, 허락하고, 격려해주어야 합니다. 그러면 10대 자녀는 자신감을 갖고 문제도 잘 해결해 나갈 것입니다. 10대 청소년에게 자유를 줄 때는 점차적으로 늘려주는 것이 좋습니다. 처음에는 조금씩 허용해 주다가 스스로를 입증하면 고삐를 조금씩 더 풀어주는 것이죠(Natalie Levisalles, 2009; Sheryl Feinstein, 2007).

믿어주기

네 번째로 살펴볼 방식은 '믿어주기'입니다. 연구 결과에 따르면 10대들이 부모에게 이야기를 많이 하면 할수록 부모들은 10대들을 더 많이 신뢰한다고 합니다. 10대 자녀는 부모에게 이야기를 할지 말지 결정하지만 대화를 얼마나 촉진할 수 있을지는 부모의 몫입니다. 신뢰에 한 번 금이 가면 상호 존중에 큰 해를 끼치게 됩니다. 부모가 자신을 믿어주지 않는다고 생각하면 자신이 이미 나쁜 사람인데 힘들여 착하게 굴 필요가 없다고 느끼게 되는 것이죠. 따라서 부모는 믿어주기와 감독하기 사이의 균형을 잘 지켜야 합니다(Natalie Levisalles, 2009; Sheryl Feinstein, 2007).

모니터링하기

'모니터링하기'입니다. 10대 자녀가 내리는 결정이 항상 최상의 결정인지 아닌지를 관찰하고 판명하는 과학자가 될 필요는 없습니다. 하지만 이들의 뇌가 자랄 때 성인의 뇌가 옆에서 가까이서 감독을 해 주는 것은 매우 유용합니다. '모니터링하기'란 10대를 놓치지 않고 따라가 주는 것을 의미합니다(Natalie Levisalles, 2009; Sheryl Feinstein, 2007).

성공적인 부모는요. 10대의 자녀가 무엇을 하고, 어디에 가고, 누구와 함께 있는지를 압니다. 자녀의 활동에 관심이 있고, 자녀의 친구들에 대해 알고 있고, 어디에서 노는지도 압니다. 점검을 위해 쓰는 시간과 노력은 충분히 그만한 가치가 있습니다. 점검하는 것이 쉽지는 않죠. 그럼에도 점검하는 것이 중요한 이유는 십 대들은 부모가 알고 있다고 생각하면 잘못된 행동을 훨씬 덜 하기 때문입니다.

좋은 점검자가 되기 위해 알아야 할 네 가지는요. 첫째, 누구와 함께 있는가, 둘째, 어디로 가고 있는가, 셋째, 무엇을 하려고 하는가, 넷째, 몇 시에 집에 오는 가입니다. 이것들을 모니터링하는 것입니다. 이런 것들을 대화 없이 알아내려 하면 심문하는 것이 되고 맙니다. 그래서 항상 이야기를 해야 합니다. 늦게 될 경우, 전화를 꼭 하라고 해야 합니다. 통금시간을 어겼으면서 전화도 없다면 15~20분 정도 기다려주는 것이 적절하며, 그때까지 연락이 없다면 먼저 전화해 보아야 합니다. 그러나 지나치게 관여하지는 말아야 합니다. 항상 그 적정선에서 균형을 맞추기가 쉽지는 않겠죠. 부모 스스로도 또한 외출 시, 어디를 가는지, 언제 오는지, 어디로 연락하면 되는지 알려주어서 본보기가 되어야 합니다[Dinkmeyer(Sr), McKay, McKay, Dinkmeyer(Jr), 1998; Levisalles, 2009; Feinstein, 2007].

다만 이들의 생각을 모니터링하는 것과 생각을 통제하는 것은 매우 다른 일입니다. 절대 통제하려고 해서는 안 됩니다. 생각을 통제하려고 하면 행동을 통제할 수 없게 됩니다. 10대의 행동을 점검하는 것에 초점을 둔 경우라면 자녀가 무슨 생각을 하는지, 도대체 어떤 생각에서 저런 행동을 했는지, 생각을 점검하려고 하지 않는 것이 최선입니다. 비행에 빠졌거나 통금을 어기는 등 행동 문제가 있을 때는 심리에 초점을 두지 말고 차라리 행동을 관리하는 것이 낫습니다. 통금시간을 몇 시간씩 반복적으로 어기는 10대에게는 "아빠가 얼마나 걱정했는지 알아? 잠도 하나도 못 자서 아빠가 얼마나 피곤한지 알아? 내일 회사 가서 일도 제대로 못할 거야."라는 식의 죄책감 유발 멘트보다는 이틀 동안 컴퓨터 사용금지 등 행동을 관리하는 게 더 낫습니다.

규칙 지키기

이번에는 규칙 지키기를 보겠습니다. 10대와 소통하기 위해서는 규칙을 정할 때 그들을 참여시키는 것이 좋습니다. 그래야 규칙을 어겼을 때 발생하는 부정적인 감정을 희석시킬 수 있습니다.

10대들의 행동에 영향을 미칠 수 있는 강화 또는 벌에는 어떤 것들이 있을까요? 첫째, 의논하기입니다(Natalie Levisalles, 2009; Sheryl Feinstein, 2007). 의논하고 또 의논해야 합니다. 둘째, 당연한 것들을 지키게 하기입니다. 예를 들어, 빨래를 해주길 바란다면 빨래통에 넣도록 하는 것이죠. 셋째, '콩 먹으면 사탕 줄게' 하는 식의 할머니들이 쓰는 규칙을 적용하는 것도 방법입니다. 자녀에게 이번 주 숙제를 모두 하면 금요일 밤에 컴퓨터 게임 시간을 1시간 연장해준다는 규칙을 적용하는 것이 여기에 해당이 될 것입니다. 넷째, 스마트폰이나 컴퓨터 사용 시간을 제한하거나 늘려 주는 것이 있습니다. 그 외에도 통금시간 연장 또는 축소하기, 외출 금지, 용돈을 더 주거나 압수하기, 부모와 함께 시간 보내기 등이 있습니다[Dinkmeyer(Sr), McKay, McKay, Dinkmeyer(Jr), 1998; Levisalles, 2009; Feinstein, 2007].

부모들이 저지를 수 있는 가장 큰 실수는 자녀가 한 가지 규칙을 어기면, 모든 규칙에 대한 통제권을 빼앗는 일입니다. 한 번 어겼을 뿐인데 화를 내고 매우 심한 벌을 내리게 되면 서로 싸우는 관계로 발전할 수밖에 없습니다. 규칙을 정하면 정해진 각각의 규칙에만 적용하고 다른 부분의 통제권을 빼앗지 않도록 하는 것이 중요합니다.

즐거운 시간 보내기

10대와 소통하는 또 다른 양육방식은 함께 재미있게 시간 보내기입니다. 10대 자녀가 원하는 방식으로 재미있는 시간을 함께 보내는 것인데요. 이 방식을 적용하려면 그들이 좋아하는 것에 우선순위를 두면 됩니다. 여기서 고민이 되는 부분이 있을 텐데요. 항상 그들이 가고 싶은 곳만 가야 할까요? 그렇지 않습니다. 둘의 균형을 유지하는 것이 좋습니다(Natalie Levisalles, 2009; Sheryl Feinstein, 2007).

자녀가 부모와 함께 있는 것을 친구들이 볼까 봐 걱정하는 모습을 보일 수가 있는데요. 이런 경우에는 존중해주어야 합니다. 다만 즐거운 시간을 보내기 위해 외출했다 돌아올 때는 민감한 문제에 관해 이야기하지 말아야 합니다. 만일 이러한 민감한 문제를 이야기한다면 다음부터 따라나서지 않으려고 할 수 있기 때문입니다. 아무도 갑작스러운 공격을 좋아하지 않는다는 것을 기억하세요.

대처기술 가르치기

마지막으로 살펴볼 양육방식은 대처기술 가르치기입니다. 삶의 많은 역경과 곤란한 상황을 잘 이겨내려면 좋은 대처기술이 필요합니다. 부모는 그러한 좋은 대처기술의 본보기가 되어 줌으로써 가르쳐야 합니다. 예를 들어, 스트레스를 많이 받을 때, "아유 머리가 터질 것 같아. 나가서 좀 걸으면서 머리를 식혀야겠어."라고 소리를 내어 말하는 것을 보여주는 것입니다. 부모가 자녀에게 가르쳐 줄 수 있는 대처기술은 다음과 같습니다. 내용을 확인해 보세요.

가르쳐 줄 수 있는 대처기술

- 가족 및 친구들과 시간을 함께 보내기
- 다양한 외부 활동에 참여하기
- 부모에게 의지하기
- 일기 쓰기
- 운동하기, 산책하기
- 기분이 좋아지는 책이나 잡지 읽기, 음악 듣기, 영화 보기
- 한 달 동안 뉴스 안 보기
- 감정에 대해 가족, 친구, 상담자에게 이야기하기
- 스트레스 주는 관계는 피하기

쉬어가기

사춘기 자녀와 소통하기 좋은 활동들에는 어떤 것들이 있을까요?

함께 음식을 먹으면서 대화하기

자녀와 함께 요리를 하며 자연스럽게 대화할 수 있습니다. 외식을 하는 것도 좋은 방법인데요. 아이에게 맛집을 찾게 하거나 함께 맛집을 찾아 외식을 하면 더욱 좋은 경험을 공유할 수 있습니다. 함께 음식을 먹을 때에는 자녀에게 훈계하지 않고, 즐거운 시간일 수 있도록 주의가 필요하겠죠.

소셜네트워크(SNS) 활용하기

스마트폰을 과하게 사용하는 것은 좋지 않지만, 서로 얼굴 보기 힘들 정도로 바쁜 가족들에게 스마트폰 앱이나 문자로 서로 못다 한 대화를 할 수 있다는 장점이 있습니다. 학교 가는 것을 유난히 힘들어하는 아이에게 "힘내라. 파이팅이다." 문자 하나를 보내 힘을 줄 수도 있고, 지난밤, 아이와 얼굴을 붉힌 후 관계가 어색한 상황에서 스마트폰 SNS 이모티콘 등을 활용해 사과하거나 대화를 나눌 수도 있습니다.

틈새 시간 활용하기

바쁜 생활 속에서도 스쳐 지나가는 틈새 시간을 활용하면 아이와의 소통 시간이 늘어날 수 있습니다. 함께 쇼핑하거나, 함께 산책 또는 운동을 같이하거나, 자녀가 좋아하는 TV 프로그램이나 게임을 같이 즐김으로써 친밀감을 쌓고 자연스럽게 대화를 나눌 수 있습니다.

특별한 기념일 활용하기

입학식, 졸업식, 시험 끝나는 날, 성적표 받아오는 날, 방학과 개학 날, 수학여행 가는 날 등 특별한 날에는 부모가 자녀와 꼭 시간을 함께 보내지는 않아도 좋습니다. 아이와 함께 꼭 특별한 장소로 나들이나 여행 가는 것 등 거창할 필요는 없지만, 조금의 용돈과 함께 아이에게 먼저 축하의 말, 또는 문자를 건네는 것이 어떨까요? 10대 자녀들은 점점 부모와 함께 있기보다는 혼자만의 시간을 가지려고 하고, 아이들이나 아버지들이나 모두 바빠지면서 함께할 수 있는 시간 자체도 줄어듭니다. 앞에 소개한 활동들을 한다면 아이들과 조금 더 원활하게 소통할 수 있을 것입니다. 어떤 활동부터 해보고 싶으신가요? 바로 실행해보세요.

[출처: 대한민국 여성가족부 블로그 '가족사랑'
http://blog.naver.com/mogefkorea/220942923900
"청소년기 자녀가 있는 아버지 양육가이드북"-<함께 행복한 아빠되기>]

오늘의 점검

앞서, 10대와 소통하지 않는 양육방식과 10대와 소통하는 양육방식들에 대해 알아보았습니다. 이 장을 읽으면서 여러분의 양육방식과 비교해보셨나요? 10대와 소통하지 않는, 그리고 소통하는 양육방식들 중 내가 사용하고 있는 방식은 무엇인지, 어떻게 변화 또는 적용하고자 하는지 생각해 볼까요?

Q. 10대와 소통하지 않는 양육방식들과 10대와 소통하는 양육방식들 중 현재 내가 사용하고 있는 방식은 무엇인지, 어떻게 변화하고 적용시킬 것인지 상상하며 적어보세요.

1. 10대와 소통하지 않는 양육방식들

현재 내가 사용하고 있는 방식:

___

어떻게 변화시킬 것인가:

___

2. 10대와 소통하는 양육방식들

현재 내가 사용하고 있는 방식:

___

현재 나에게 필요한 방식과 적용점:

___

참고문헌

이윤정 (2010). **아이는 사춘기 엄마는 성장기**. 서울: 한겨레 에듀.

최성애, 조벽 (2012). **청소년 감정코칭**. 서울: 해냄.

Don Dinkmeyer(Sr), Gary McKay, Joyce McKay, Don Dinkmeyer(Jr)(황옥자, 이지연 공역) (2012). **청소년의 부모STEP**. 서울 : 창지사.

Don Dinkmeyer(Sr), Gary McKay, Joyce McKay, Don Dinkmeyer(Jr) (1998). **Parenting teenagers**. Fredericksburg, VA : STEP Publishing.

Natalie Levisalles(배영란 역) (2011). **청소년, 코끼리에 맞서다**. 서울 : 한울림.

Rosenberg, Marshall B. (2003). **Nonviolent Communication : A Language of Life**. Encinitas, CA : PuddleDancer Press.

Sheryl Feinstein(황매향 역) (2008). **부모가 알아야 할 청소년의 뇌 이야기**. 서울 : 지식의 날개.

Sheryl Feinstein (2007). **Parenting the Teenage Brain**. Lanham, MD : Rowman & Littlefield Publishing.

7장

10대와 소통하는 양육방식 (2)

오늘의 이야기

사랑하는 우리 아이가 건강하고 밝고 자신감 넘치는 10대를 거쳐, 사람들과 어울려 협동하고 도와가며 책임감 있는 어른이 되기를 부모는 바라고 또 바랍니다. 이 바람이 이루어지게 하려면 10대 자녀와의 소통이 중요합니다. 10대 자녀와의 소통 부족은 청소년 반항, 비행 내지는 더 심하면 자살 충동으로까지 이어지기도 하죠.

10대 자녀가 잘 자라도록 하기 위해 필요한 소통! 아무리 강조해도 지나치지 않습니다. 무엇부터, 어떻게 해야 할까요? 이 장을 읽으면서 여러분이 할 수 있는 것들을 찾아봅시다.

우선 부모 자신과 자녀 이해하기부터

할 수 있는 것, 할 수 없는 것

부모가 10대 자녀와 소통을 하기 위해서 할 수 있는 것은 무엇이고, 할 수 없는 것은 무엇일까요? 많은 부모들은 자녀와의 사이에 일어난 문제를 '바로잡으려' 하는 경향이 있습니다. 하지만 부모는 10대 자녀를 바로잡거나 변화시킬 수 없습니다. 그리고 부모는 자녀가 어떤 행동을 취하도록 만들 수도 없습니다. 그렇다면 부모는 무엇을 할 수 있을까요? 부모 자신의 태도와 접근 방식을 변화시키고 10대 자녀와의 관계 개선을 위해 노력하는 것, 이것밖에 할 수 있는 게 없습니다. 변화는 자녀가 아닌, 부모가 먼저 시작해야 합니다. 앞에서 금실 좋은 부부에 관한 장에서도 말씀드렸듯이, 다른 사람을 변화하도록 할 수 있는 방법은 없습니다. 부모가 변화시킬 수 있는 것은 부모 자신뿐입니다. 10대 자녀와 소통을 잘하기 위해서는 우선, 부모 자신과 자녀 이해하기부터 해야 합니다[Dinkmeyer(Sr), McKay, McKay, Dinkmeyer(Jr), 1998].

배울 수 있는 효율적인 부모 역할하기 기술들

효율적인 부모가 되기 위해서는 어떤 기술들이 필요할까요? 여러분이 배울 수 있는 효율적인 부모 역할하기 기술들에는 자녀들을 대할 때 존중감을 갖고 대하기, 잘못된 행동 이면에 깔린 심리적 목표를 이해하고 대응 방식을 변화하기, 격려 기술 숙달하기, 감정에 귀 기울이기, 부모 자신의 감정을 표현함으로써 자녀가 기꺼이 부모의 말을 경청할 수 있도록 돕기, 자녀가 스스로 결정 내리고 그 결과를 통해 배울 수 있도록 하기, 긍정적이고 효과적인 방식으로 훈육하기가 있습니다. 이 기술들을 배워 하나씩 실천해보시기 바랍니다[Dinkmeyer(Sr), McKay, McKay, Dinkmeyer(Jr), 1998; Levisalles, 2009; Feinstein, 2007].

나는 어떤 유형의 부모인가

부모의 유형은 명령형, 양보형, 자율형, 이렇게 세 유형으로 나누어 볼 수 있습니다. 이 세 유형은 어떤 차이가 있을까요? 문제 상황 속에서 확인해 보겠습니다.

상황: 학원에서 7시 30분에 학원 수업을 마친 민수는, 버스 정류장에 와서야 오늘 지갑을 가져오지 않아 버스비가 없다는 것을 깨닫습니다. 할 수 없이 학원에서 집까지 걷게 된 민수는, 평소보다 30분이 늦은, 8시 30분에 집에 도착합니다. 집에 막 도착한 민수를 기다리고 있는 이가 있습니다.

아빠(40대 중후반): (권위주의적인 태도, 화난 말투 / 명령 톤으로) 민수야! 저녁 8시 이전에는 이유를 불문하고 무조건 귀가하라고 말했지! 왜 오늘은 30분씩이나 늦었니, 응? 앞으로 한 달간, 학교와 학원 가는 거 외엔 절대 외출 금지야! 휴대폰도 이리 내놓고! 그리고, 우리 이번 여름휴가를 7월 마지막 주 월요일부터 수요일까지 2박 3일간 부산으로 가려고 하니까, 무조건 따라가는 거야!

상황: 아무것도 모르고 다그치는 아빠의 태도가 불만스러운 민수. 하지만 아무 말 못 하고 속앓이를 합니다.

민수(중학생 2학년 정도): (매우 불만스럽지만, 아무 말 못 하는 표정으로…, 속으로) 내가 왜 늦었는지, 이유도 묻지 않고, 너무 불공평해! 게다가 외출 금지에 휴대폰 압수까지? 그리고 휴가는 또 뭐야! 아, 그동안 친구들이랑, 상철이네 집에 모여 놀기로 했는데!! 왜 내 의사는 묻지도 않는 거지~!

명령형(권위주의적, authoritarian)

앞의 민수 아버지가 보인 태도는 명령형에 해당합니다. 이 유형은 권위주의적인 유형으로, 자녀에게 많은 제한을 가하고 자녀를 통제하려 하며, 자유는 거의 또는 전혀 주지 않는 특징을 보입니다. 이러한 부모의 자녀는 부모가 통제할 수 없는 분야를 통해 반항하게 되는 경우가 많습니다. 자녀에게 권위적으로 통제하려고 할 경우, 부모와의 관계에 있어서 상호 신뢰나 존중감 형성에 도움이 되지 않으며, 자유나 책임이 주어지지 않아 스스로 사고하는 능력을 심어줄 수 없습니다[Dinkmeyer(Sr), McKay, McKay, Dinkmeyer(Jr), 1998; Levisalles, 2009; Feinstein, 2007].

양보형(허용적, permissive)

만약 민수의 아버지가 양보형이었다면 어떻게 대화가 이루어졌을까요?

아빠(40대 중후반): (허용적이면서도, 약간 미소를 머금은 말투) 민수야, 오늘은 다른 날보다 30분이나 늦었네. 그래, 들어가 자라. 참, 그리고 우리 이번 여름휴가를 7월 마지막 주 월요일부터 수요일까지 2박 3일간 부산으로 가려고 해, 갈 수 있지?

민수(중학생 2학년 정도): (약간 퉁명스럽게) 아, 그때 친구들이랑, 상철이네 집에 모여 놀기로 했어요. 난 그때는 못 갈 거 같아요.

아빠(40대 중후반): (허용적이면서도, 약간 미소를 머금은 말투) 그래, 그럼 집이나 잘 봐. 친구들이랑 잘 놀고, 아빠랑 엄마랑 둘이 갔다 올게.

민수(중학생 2학년 정도): (조금 섭섭한 듯한 말투, 속으로) 아빠는 내가 걱정이 안 되나? 다른 친구들 부모님들은 애들을 집에 혼자 두면 걱정된다고 애들만 두고 어디 안 가시던데.

양보형의 부모와 그 아들의 대화, 잘 보셨나요? 양보형은 허용적인 성격의 유형입니다. 이 유형의 부모는 자녀에게 굴복하여 마음대로 하도록 내버려 두고, 제한을 거의 가하지 않거나 비일관적인 제한을 가합니다. 이 부모 유형의 자녀는 자기 통제 능력, 남과 협력하는 능력, 자신을 변화시킬 능력이 형성되지 못하고, 남과 잘 어울리는 법을 배우기 어려워합니다. 또한, 책임감을 배울 수 없고, 스스로에 대한 좋은 느낌을 갖기 어려워하는 성향을 보입니다.

자율형(민주주의적, democratic)

자, 민수 아버지가 자율형이었다면 어땠을까요?

아빠(40대 중후반): (걱정되는 말투, 차분하고 친절하게) 민수야, 오늘은 다른 날보다 30분이나 늦었네. 무슨 일이 있었던 거니? 어떻게 하다가 늦게 되었니?

민수(중학생 2학년 정도): (설명하듯) 아! 제가 버스를 타려고 하는데, 지갑을 안 가져갔더라고요. 그래서 오늘 걸어오느라 평소보다 30분 늦었어요.

아빠(40대 중후반): (걱정되는 말투, 차분하고 친절하게) 아, 그렇구나. 다음부터는 늦게 되면 전화해라. 뭔 일이 있는 줄 알고, 걱정이 되었어.

아빠(40대 중후반): (정중하게, 의견을 물어보듯) 참, 그리고, 우리 이번 여름휴가를 7월 마지막 주 월요일부터 수요일까지 2박 3일간 부산으로 가려고 해, 갈 수 있지? 그 기간 괜찮니? 그리고 부산 말고 가고 싶은데 있니? 일정 확인해 보고 내일 오후까지 의견 말해 줘.

민수(중학생 2학년 정도): (안타까운 듯) 아, 그때 친구들이랑 상철이네 집에 모여 놀기로 해서 난 그때는 못 갈 거 같아요. 수요일부터 금요일까지는 괜찮은데요. (제안하듯) 아빠는 수요일부터 금요일은 어때요? 장소는 지난번에 부산에 한번 가봤으니까, 이번엔 다른 데로 가고 싶어요. 좀 더 가까운 강원도는 어때요?

아빠(40대 중후반): (걱정한 말투, 차분하고 친절하게) 그래! 아빠가 일정 한번 확인해 볼게. 그리고, 강원도 쪽으로도 숙소 등을 한번 알아볼게.

대화, 잘 보셨나요? 세 번째로 본 유형은 자율형으로 민주주의적 유형이라고 말할 수 있는데요. 이 유형의 부모는 자녀에게 자유와 한계를 적절하게 줍니다. 그리고 자녀를 존중하고 자신도 존중받기를 기대하며 상호 존중을 원합니다. 이러한 방식으로 양육된 자녀는 스스로 의사결정하는 법을 배우게 됩니다. 부모가 통제를 늦추어 줄 때 자녀는 변하기 시작합니다. 변화가 하루아침에 일어나지는 않지만, 시간이 흐르면서 보다 책임감 있는 행동을 하게 될 것입니다.

지금까지 세 가지 부모 유형을 보았는데요. 일반적으로 어느 한 가지 유형만을 고수하는 부모는 거의 없습니다. 각 유형의 특징을 되새기면서 나는 어떤 유형의 부모인지, 그리고 어떤 유형의 부모가 되고 싶은지 생각해 보세요.

변화의 시기

청소년기는 많은 변화가 이루어지는 시기입니다. 변화가 이루어지는 것 중 하나는 외적인 변화인데요. 외적 변화는 청소년의 생리적, 정서적, 심리적 면에까지 영향을 미치게 됩니다. 자녀는 성숙해질수록 더욱 독립적이 되는데, 이는 자연스럽고 건강하다는 신호입니다.

자녀의 변화에 따라 부모도 새로운 역할로 변화를 해주어야 하는데요. 그중 하나가 독립과 책임 사이에 미묘한 균형 잡기를 배울 수 있도록 돕는 일입니다. 부모가 10대 자녀의 독립을 인정해주기 위해 책임을 주지 않는다면 문제를 자초하는 일이 되고 맙니다. 독립과 책임, 둘 다 중요하기 때문에 이십 대에 접어들기 전까지 미묘한 조율 과정은 지속됩니다. 10대는 '일정한 한계 내에서' 스스로 결정할 능력이 있습니다. 각 결정에는 그에 따른 결과가 발생합니다. 따라서 부모는 자녀가 그 결과를 받아들이고, 그 결과로부터 배우는 법을 익히도록 도와주어야 합니다.

문제의 소유자가 누구인가

10대 자녀와 갈등이 있거나 불편한 문제가 발생했을 때는 이 문제의 소유자가 누구인지, 즉 이것이 누구의 문제인지 자녀의 문제인지, 부모인 나의 문제인지 잘 헤아리셔야 하고, 누구의 문제인지에 따라 대처방안이 달라지게 됩니다. 문제의 소유자가 누구인지 결정하기 위해 스스로에게 해 볼 수 있는 네 가지 질문들이 있는데요. 첫 번째는 '나의 권리가 무시되고 있는가?' 두 번째는 '누군가가 다칠 우려가 있는가?' 세 번째는 '누군가의 소유물에 손해를 입힐 가능성이 있는가?' 네 번째는 '10대 자녀가 이 문제에 대해 스스로 책임질 수 없는가?'입니다. 위 질문들에 하나라도 '예'라는 답이 나온다면 이 문제는 부모 자신의 소유이거나 또는 부모와 10대 자녀의 공동 소유인 것입니다[Dinkmeyer(Sr), McKay, McKay, Dinkmeyer(Jr), 1998].

그런데 위 질문 모두에 대해 답이 '아니오' 라면 이 문제는 10대 자녀의 문제로 보아야 합니다. 대개 자녀가 문제의 소유자인 경우가 많습니다. 그럼에도 불구하고 부모가 나서서 책임지려고 하는 경우가 많습니다. 예를 들어서 자녀가 학교에 체육복을 가져가지 않아서 벌점을 1점 받았다면 이것은 자녀가 문제의 소유자인 경우입니다. 부모의 권리가 무시되고 있지도 않고 누군가 다칠 우려도 없고 누군가의 소유물에 손해를 입힐 가능성도 없습니다. 그리고 10대 자녀 스스로가 이 문제에 대해서 스스로 책임질 수 있습니다.

가끔은 부모가 문제의 소유자인 경우도 있습니다. 예를 들어서, 자녀가 욕설을 한다든지, 집안 전체를 어지럽힌다든지, 이런 경우에는 부모가 문제의 소유자인 경우입니다. 자녀와 부모가 공동 소유인 경우도 있습니다. 자녀가 학교에서 다른 친구를 괴롭힌다면 이 문제는 공동 소유의 문제가 될 수 있습니다. 문제를 소유한 사람에게 문제를 해결할 책임이 있는 것입니다.

청소년들은 왜 잘못된 행동을 할까?

가끔 우리 청소년 자녀들이 부모님들 보시기에 못마땅하고 바람직스럽지 않은 행동을 할 때가 있죠? 저변의 심리를 알면 왜 그러는지 도움이 될 것 같습니다.

정신과 전문의 루돌프 드라이커스(Rudolf Dreikurs)의 연구 결과에 의하면 잘못된 행동을 하는 아이들은 뭔가가 좌절된 상태, 즉 뭔가 욕구가 채워지지 않은 상태라는 것입니다. 그런 것 같죠? 좌절한 10대들은 소속되고 싶지만 유용한 방법, 적절한 방법으로는 소속될 수 없는 경우에 잘못된 행동이 효과가 있다고 느끼게 되면 그러한 잘못된 행동을 통해 소속감을 추구하게 됩니다. 즉 소속감 추구가 목표인 거라고 볼 수 있습니다. 드라이커스에 의하면, 10대들의 이러한 목표를 이해함으로써 그들이 잘못된 행동을 할 때 그들이 무엇을 원하는지 이해할 수 있고 자녀가 보다 긍정적인 행동을 해서 자신들의 욕구를 바람직하고 적절한 방법으로 채울 수 있도록 적절히 지도하는 방법을 선택하는 데 도움이 될 수 있다고 합니다[Dinkmeyer(Sr), McKay, McKay, Dinkmeyer(Jr), 1998; Levisalles, 2009; Feinstein, 2007].

이들이 잘못된 행동을 하는 데에는 대개 다음의 네 가지 목표 중 하나인 경우가 많습니다. 첫 번째 목표는 '관심 끌기' 목표이고요. 두 번째는 '힘 과시하기' 목표, 세 번째는 '앙갚음'의 목표, 즉 보복을 하고 싶은 목표입니다. 네 번째는 '부적절함 보이기' 목표입니다. 즉, 내가 뭔가 부족하고 잘 못 한다는 것을 보이고 싶은 목표, 그래서 나한테 기대를 그만하도록 하거나 필요한 도움을 얻어내고 싶은 목표라고 할 수 있어요. 자녀를 지도하기에 앞서, 우선 자녀가 추구하고 있는 목표가 이들 중 어떤 것인지부터 파악하셔야 합니다.

자녀의 심리적 목표 파악을 위해서는 다음의 세 가지 단서를 활용하시면 좋습니다. 첫째, '이 상황에서 부모인 나는 어떠한 감정을 느끼는가?' 둘째, '나는 어떻게 대응하고 있는가?' 셋째, '부모인 나의 행동에 자녀가 어떠한 반응을 보이는가?'입니다.

우리 청소년들의 잘못된 행동의 네 가지 목표를 하나씩 좀 더 자세히 알아보도록 하겠습니다.

관심 끌기(attention)

첫 번째, 관심 끌기 목표인데요. 모든 연령의 자녀들은 부모의 관심이 필요합니다. 만일 이들이 유용한 방식이나 적절한 방식으로 부모의 관심을 끌 수 없다면 잘못된 행동을 해서라도 관심을 끌려고 하죠. 관심을 끌기 위해 잘못된 행동을 하는 경우엔 일부러 부모를 자극하는 행동을 하게 됩니다.

힘 과시하기(power)

두 번째, 힘 과시하기 목표인데요. 이 경우에는 '나에게 억지로 시킬 순 없어요!', '내가 원하는 대로 해 주시는 게 좋을걸요!' 하는 식으로 자신들의 힘을 내보이고 싶어 하는 것입니다. 이때에는 부모에게 소리를 지르거나 부모와 싸울 수도 있고, 규칙을 위반하기도 합니다.

앙갚음(revenge)

세 번째는 앙갚음의 목표인데요. 부모님들에게 무언가 갚아주고 싶은 마음, 보복하려는 마음을 표현하는 거라 볼 수 있습니다. 자신이 사랑을 받을 수 없다고 믿기 때문에 다른 사람을 학대하거나 상처를 주어야만 가정이나 학교에서 자신의 위치를 확보할 수 있다고 생각하기 때문에 그런 행동을 하는 것입니다. 상처를 주는 말이나 행동, 부모를 매섭게 노려보기도 합니다. 이것은 소극적인 유형의 앙갚음이라고 하죠. 때로는 무모한 모험을 감행하기도 합니다. 이때 부모가 충격받거나 걱정하는 반응을 보이면 더욱 스릴을 추구하는 경향을 보이기도 합니다. 이렇게 되면 힘겨루기의 양상으로 변질될 수 있습니다.

부적절함 보이기(displaying inadequacy)

네 번째 목표는 부적절함 보이기인데요. 이것은 네 가지 유형 중 가장 낙담한 상태라고 볼 수 있습니다. 자존감이 극도로 약해져서 자신이 아무것도 할 수 없다고 믿고 그냥 포기해 버리는 상태라고 보시면 됩니다. 소속감 추구의 방법으로 자신들에게 아무것도 기대하지 못하도록 하려는 거죠. '나 이렇게 부족하고 잘 못 하니까 나한테 아무것도 기대하지 말아 주세요' 하는 매우 자포자기한 마음을 표현하는 거라 볼 수 있어요.

이면의 긍정적 신념

그런데 이러한 각각의 잘못된 행동의 심리적 목표 뒤에는 각각 '반대의 측면', 즉 보다 나은 행동 목표를 이끌어낼 수 있는 긍정적 신념이 있다는 것을 기억하셔서 이것을 잘 활용하셔야겠습니다. 먼저 첫 번째인 관심 끌기의 경우에는 뒤집어 보면 그 이면에 참여하고 싶은 마음, 유대감이나 관계를 유지하고 싶은 마음이 있는 거라고 볼 수 있어요. 두 번째인 힘 과시하기의 경우에는 독립심, 자율성을 추구하고 싶은 마음이 있는 거라고 볼 수 있고요. 세 번째인 앙갚음의 경우에는 공평함, 또는 부당한 대우를 받지 않고 정당한 처우를 받고 싶은 마음이 있는 거라고 볼 수 있는 거지요. 네 번째인 부적절함 보이기의 경우에는 사려 깊은 유능함, 또는 '나도 뭔가 잘하고 싶고 유능함을 경험하고 싶어요.'라는 속마음이 있는 거라고 볼 수 있습니다. 이러한 네 가지 목표의 이면을 파악하고, 이 정보를 이용하여 긍정적 신념으로 이끌 수 있습니다.

관계 개선을 위한 4요소

자녀와의 관계를 개선하기 위해서는 어떤 것들이 필요할까요? 관계 개선을 위해서는 존중하기와 즐거운 시간 갖기, 격려하기, 사랑 표현하기와 같은 요소가 필요합니다.

존중하기

먼저, 자녀를 존중하면서 대화하는 아빠의 모습을 보시죠.

아빠(40대 중후반): (걱정한 말투, 차분하고 친절하게) 지갑을 안 가져가서 무척 당황했겠구나! 전화하지 그랬어, 데리러 갈 수 있었는데. 다음부터는 늦게 되면 전화해라, 아빠가 걱정했어. 아, 그리고 휴가를 월부터 수요일까지는 못 간다고 했지? 수요일부터 금요일까지 가능하다고 했던가? 아빠가 휴가 날짜를 조정해볼게.

이렇게, 존중하기의 경우, 평소 말과 행동으로 가능합니다.

즐거운 시간 갖기

자녀가 10대가 되면 점점 함께 즐거운 시간을 갖기가 쉽지 않습니다. 따라서 자녀와 인터넷 게임을 하는 등, 자녀가 좋아하는 것을 이용하여 함께 즐거운 시간을 보냄으로써 평상시 자신의 문제에만 집중하던 데서 떠나 초점을 관계 개선으로 바꾸는 계기를 만들 수 있습니다.

격려하기

자녀가 시험을 못 봐서 매우 낙심해 한다면 어떻게 해야 할까요? 이렇게 해보세요.

아빠(40대 중후반): (걱정한 말투, 차분하고 친절하게) 민수가 이번 결과로 많이 속상했나 보구나. 조금씩 오르면 돼. 다음엔 조금 더 노력하여 조금 더 잘할 수 있을 거야. 힘내.

사랑 표현하기

사랑의 표현은 어떻게 할 수 있을까요?

아빠(40대 중후반): (사랑을 가득 담아) 사랑해!

그 외에도 껴안아 주고, 등 토닥거려 주기, 자녀가 좋아하는 것 해주기, 책임감 있고 독립적으로 성장할 수 있도록 배려하기 등으로 사랑을 표현할 수 있습니다.

스트레스 완화법

10대 자녀를 대하는 것은 힘든 일이기 때문에 스트레스를 경험할 수 있습니다. 이런 경우, 15초 동안 심호흡을 하고, 스스로에게 '진정하라'고 하거나 '무리하지 말자'고 하거나, '넌, 괜찮다'고 하는 등 자신과 대화하면 좋습니다. 미리 대비를 하고 상황이나 자녀를 새로운 시각으로 보려고 노력하며, 스스로를 달래고 격려하고 스트레스 일지를 쓰는 등의 스트레스 완화법을 사용하는 것도 스트레스 관리에 도움이 됩니다.

부모의 반응 바꾸기

자녀의 잘못된 행동에 부모는 어떻게 반응해야 할까?

10대는 스스로 선택해서 잘못된 행동을 하곤 합니다. 이런 경우, 부모는 어떻게 반응해야 할까요? 이때 부모는 자녀가 얻기 원하는 것을 안겨주지 않겠다는 의지를 말과 행동을 통해 보여주어야 합니다. 그러면 어느 정도 시간이 흐른 후 자녀는 긍정적인 목표와 행동을 선택하게 될 것입니다.

부모는 기존의 행동 양식을 바꾸어야 할 필요가 있습니다. 즉, 자녀가 기대하는 부모의 대응 방식이 어떤 것인지 먼저 알아보고 그와 '반대로 대응' 하려는 노력이 필요하다는 것입니다[Dinkmeyer(Sr), McKay, McKay, Dinkmeyer(Jr), 1998].

자, 그럼 앞서 확인했던, 청소년들의 잘못된 행동 목표에 따라, 부모가 보여야 할 반응에 대해 좀 더 자세히 살펴보겠습니다. 먼저, 자녀의 '관심 끌기' 행동에 대해 부모가 보여야 할 반응을 알아보겠습니다. 첫째, 무시하고 다른 화제에 대해 얘기하도록 합니다. 둘째, 개입하려고 하지 말아야 합니다. 아무 말 할 필요가 없다는 의미입니다. 셋째, 관심을 보이는 대신, 긍정적인 다른 것을 인정해주는 것이 좋습니다. 넷째, 긍정적인 관심을 보여주는 것이 좋습니다.

두 번째로, 자녀의 '힘 과시하기' 목표에 대한 부모의 올바른 반응을 보겠습니다. 자녀가 힘을 과시할 경우, 힘겨루기는 절대 하지 말아야 합니다. 싸움을 시작하거나 가담하는 것은 힘겨루기를 계속되게 할 뿐이죠. 이 상황에서는 나중까지 기다렸다가 둘 다 진정된 다음, 이 문제를 놓고 대화하는 것이 좋습니다. 다시 대화를 할 때는 존중하는 태도로 시작해야 합니다. 명령이나 비판하는 대신 "네가 경수랑 함께 어울리기 시작한 뒤로 네가 좀 변한 것 같아서 걱정스러워."라고 부모가 자신의 감정을 전달하는 것이 좋습니다. 절대로 경수와 함께 시간을 보내서는 안 된다고 금지할 수는 없습니다. 만일 안 된다고 말해야 할 때는 비판이나 비난은 자제하고 평온한 어조로 말해야 합니다.

세 번째는 '앙갚음' 행동에 대한 부모의 올바른 반응입니다. 자녀가 앙갚음 행동을 보일 때에는 마음의 상처를 받지 말고, 자녀에게 상처를 줄 수 있는 어떤 말도 하지 말아야 합니다. 또한 자녀에게 앙갚음을 하려고 하지 말아야 합니다. 둘 다 진정이 된 후에 대화하는 것이 좋으며, 자녀와의 관계에서 신뢰와 존중 쌓기 방법을 찾으려고 노력해야 합니다.

마지막으로 자녀가 '부적절한 행동'을 보일 때, 부모가 보여야 할 반응에 대해 알아보겠습니다. 이 경우, 부모는 포기하지 말아야 합니다. 그리고 자녀를 동정하지 않도록 유의해야 합니다. 자녀를 동정할 경우, 자녀는 자기연민에 빠지게 될 수 있습니다. 공부를 할 때에는 격려와 지지를 하는 것이 좋습니다. 사소한 것이라도 노력과 개선된 점이 있으면 찾아 인정해주는 것이 좋습니다.

가끔 자녀가 부적절함 보이기가 아니라, 관심 끌기나 힘 과시하기를 추구하기 위해 "난 못해요"라고 말하는 경우가 있는데, 이를 어떻게 구분할 수 있을까요? 이 경우에는 부모 자신이 느끼는 감정을 잣대로 사용하는 것이 좋습니다. 자녀의 행동에 대해 짜증이나 화가 난다면, 관심 끌기나 힘 과시하기일 가능성이 높습니다. 만일 절망감을 느끼고 포기하고 싶은 마음이 든다면 부적절함 보이기일 가능성이 높고요. 포기하는 10대 자녀는 극도로 낙심한 상태일 수 있습니다. 따라서 이들에게는 많은 지원과 격려를 하는 게 무엇보다 중요합니다.

부모가 자녀가 기대한 대로 반응할 경우, 어떻게 될까요? 아마도 그들의 잘못된 행동을 더욱 강화하게 될 수 있을 것입니다. 이러한 과오를 피하기 위해서는 충동적으로 행동하지 않도록 결심해야 합니다. 부모는 힘이 들더라도 자녀가 잘못된 행동을 할 때에는 자신의 대응 방식뿐 아니라 감정도 바꿔야 하는 것이죠. 즉, 짜증, 분노, 상심, 낙담 등의 정서는 버려야 합니다. 이러한 정서는 단지 10대 자녀들의 잘못된 행동을 강화시킬 뿐입니다. 따라서 부모는 정서를 바꾸는 법을 배울 필요가 있습니다. 자신의 정서 다루는 방법은 9장에서 다뤄볼 것입니다.

감정은 소통된다

부모와 자녀의 감정이 소통되려면 어떻게 해야 할까요? 부모는 자녀의 모든 문제를 '해결' 해 줄 수 없습니다. 그리고 자녀의 부정적인 감정을 사라지게 해 줄 수도 없습니다. 하지만 부모는 자녀에게 항상 관심을 두고 있으며 자녀의 감정을 수용한다는 것을 보여줄 수 있습니다. 수용을 보여주기 위해 어조와 표정을 사용할 수 있고 존중감을 보여줄 수 있습니다. 부모들은 주로 조언을 사용하는데, 조언보다 경청이 더 나은 방법입니다[Dinkmeyer(Sr), McKay, McKay, Dinkmeyer(Jr), 1998; Levisalles, 2009; Feinstein, 2007].

좋은 경청자가 되는 법

좋은 경청자가 되고 싶다면 상대방이 하는 말 이면의 숨은 감정에 귀를 기울일 수 있어야 합니다. 부모가 경청해주면 자녀는 이해받고 있다고 느끼게 되어 쉽게 자신이 지금 어떤 감정 상태인지 파악할 수 있습니다. 그리고 그 이유를 분석해서 스스로 문제에 대한 해결책을 생각해낼 수 있게 됩니다. 이런 과정을 통해 자녀는 자신의 감정에 대해 말하는 것이 정상적이고 자연스럽다는 것을 배울 수 있게 되죠.

좋은 경청자가 되는 법의 두 번째로 우리 자녀들의 감정을 이해하기 위한 경청 방법을 알아두시면 도움이 되겠습니다. '반영적 경청'이라는 것은 아마 많이 들어보셨을 거예요. 자녀가 문제 소유자일 때 사용하시면 도움이 됩니다. 반영적 경청은 3단계 과정으로 이루어지는데요. **첫 번째** 단계는 **'듣기' 단계**입니다. 듣고 있다는 것을 자녀에게 몸으로 보여주셔야 합니다. 다른 하던 일을 모두 중단하고 자녀를 정면으로 마주 쳐다보셔야 합니다. 그래야 자녀가 '아, 아빠가 듣고 있구나.'를 알 수 있습니다. 아빠가 관심을 갖고 듣고 있다는 것을 보여주셔야 합니다.

다음 소개하는 상황을 보고, 듣기를 잘하는 아빠, 잘못하는 아빠를 비교해보세요.

상황: 아빠가 거실에서 컴퓨터로 작업을 하고 있습니다. 그때 아들이 실망한 표정을 하고 아빠 옆에 앉아 말을 합니다.

아들(중학교 2~3학년 정도): (속상하고, 실망한 말투, 풀이 죽음) 이번 체육대회에서 농구선수로 뛰고 싶었는데, 선수 선발에서 탈락했어요. 이번에는 꼭 농구선수로 뛰고 싶었는데 또 떨어졌어…. 작년에도 떨어졌는데….

아빠(40대 중후반): (작업에 집중한 상태로, 감정 없이 대꾸하는 듯) 많이 속상했구나.

이러한 태도는 반응은 하지만 듣기를 잘하는 것이라고 할 수 없습니다.

아빠(40대 중후반): (아들을 정면으로 바라보며 진심으로 걱정하는 말투) 그 시합에서 뛰지 못했기 때문에, 네가 많이 실망했구나!

이처럼 하던 일을 멈추고, 정면으로 바라보며 반응을 할 때, '듣기'를 잘하는 아빠로서 자녀와 좋은 관계를 유지할 수 있습니다.

두 번째 단계는 **'숨은 감정에 귀 기울이기'**입니다. 자녀의 말을 들으면서 이 상황에서 내 자녀는 어떻게 느끼고 있을까를 속으로 자문해 보시는 겁니다. 자녀의 감정을 구체적으로 서술하는 표현을 한 단어로 생각해 본 후, '내 자녀가 왜 이렇게 느낄까? 무엇 때문에 이렇게 느끼게 되었을까?'에 대해서도 스스로 질문해 보셔야 합니다.

세 번째 단계는요. **'반영적 경청 사용하기'**입니다. 이렇게 해서 알아낸 부모가 생각하는 자녀의 느낌과 말을 부모 자신의 언어로 바꾸어서 다시 표현하여 되돌려 주는 것입니다. 부모는 자녀의 감정을 반영하는 거울이라고 가정하고 그 거울을 통해 자녀의 감정 그 이면에 있는, 즉 뒷면에 있는 이유도 반영이 된다고 상상하시면 도움이 될 것 같습니다. 이때 감정 부분은 **"네가 ~를(을) 느꼈구나."** 하는 식으로 표현하시면 되고요. 감정 이면에 있는 이유의 부분은 **'~때문에'**를 사용해서 표현하시면 됩니다.

'반영적 경청 사용하기'를 잘하는 아빠의 모습을 예로 들어보겠습니다.

상황: 어느 날, 아들이 힘없이 말을 합니다.

아들(중학교 2~3학년 정도): (속상하고, 실망한 말투, 풀이 죽음) 얼마 전부터 만나는 여자친구가 있었는데요… 그 여자친구한테 다른 남자친구가 생겼다고, 저한테 그만 만나재요… 저, 오늘 밥 안 먹을래요.

아빠: (아들 걱정이 된 아버지는 아들의 입장에서 생각을 해봅니다.)

아빠(40대 중후반): (속으로 걱정, 고민하며… 혼잣말) 우리 아이는 어떤 느낌일까? 왜 이렇게 느낄까? 아, 자기가 좋아하는 여자친구가 자기보다 농구를 더 잘하는 남자애를 더 좋아하게 되어 자존심이 많이 상했나 보구나.

아빠: (그리고 아들 방으로 가서 정면을 바라보며 이렇게 말합니다.)

아빠(40대 중후반): (아들을 정면으로 바라보며, 진심 어린 눈빛과 표정으로) 그 여자친구가 다른 남자친구와 사귀게 되어 네가 맘이 많이 상했나 보구나.

또 다른 예는요. "교수님이 너보다 민경이의 과제를 더 칭찬해 주셔서 네가 섭섭했구나.", "그 시합에서 뛰지 못했기 때문에, 네가 실망감을 느끼는구나." 또는 "실망했구나." 이렇게 표현하시면 됩니다. 감정 부분에서 가능한 한 정확하게 자녀의 감정을 묘사하시는 게 좋습니다. 슬프다, 화나다, 반갑다 외에도 감정을 나타내는 많은 표현들이 있으니까 많이 알아두시는 게 도움이 될 것 같습니다.

좋은 경청자가 되려면 눈으로도 감정을 찾아보려고 노력하시는 것이 좋습니다. 표정과 몸짓 등 비언어적 단서들을 지켜보면서 그 이면의 감정도 찾아보셔야 합니다. 예를 들어서 "네 눈빛을 보니 너를 믿어주지 않는 것에 대해 화가 난다고 말하는 것 같구나." 또는 "네 얼굴이 그렇게 환하게 밝아지는 걸 보니 매우 행복한가 보구나." 또 다른 예는 "네 얼굴이 그렇게 어두운 걸 보니 이번 결과로 많이 낙담되었나 보구나." 이런 것입니다.

좋은 경청자가 되기 위해서 반드시 명심해야 할 사항 몇 가지를 알아보겠습니다. 부모가 이러한 반응을 보이면 자녀는 놀라서 경계하는 반응을 보일 수 있습니다. 이럴 때 부모가 너무 적극적으로 다가가면 자녀는 자신을 염탐하려 한다고 생각할 수 있기 때문에 감정 표현을 강요하지 말아야 합니다. 자녀에게 대화를 강요하면 힘겨루기로 이어질 수 있습니다. 그리고 단정형이 아닌, 존중에 기반을 둔 가설이나 의문형을 사용하셔야 합니다.

아빠(40대 중반): (공감해주는 듯한 말투) 네 눈빛을 보니 너를 믿어주지 않는 것에 대해 화가 난다고 말하는 것 같구나.

(또는) 네 눈빛을 보니 너를 믿어주지 않는 것에 대해 화가 난 듯 보이는데, 그런 거니?

이런 식으로 표현하셔야 합니다.

아빠(40대 중반): (다 안다는 듯, 확신하는 말투) 네 눈빛을 보니 너를 믿어주지 않는 것에 대해 화가 났네!

"~~화가 났네 / 화가 났구나." 이것은 단정형인데요. 이런 식으로 표현하지 않는 것이 좋습니다. 또 다른 예는요.

아빠(40대 중반): (공감해주는 듯한 말투) 네 얼굴이 그렇게 환하게 밝아지는 걸 보니 매우 행복한가 보구나.

(또는) 네 얼굴이 그렇게 환하게 밝아지는 걸 보니 매우 행복한 듯 보이는데!

"네 얼굴이 그렇게 환하게 밝아지는 걸 보니 매우 행복한가 보구나." 이것은 가설형이고요. "행복한 듯 보이는데?" 이것은 의문형입니다. 이런 식으로 표현하시는 게 좋습니다.

아빠(40대 중반): (다 안다는 듯, 확신하는 말투) 네 얼굴이 그렇게 환하게 밝아지는 걸 보니 매우 행복한 게 틀림없네~.

"행복한 게 틀림없네 / 행복하구나." 이것은 단정형인데요. 이런 식으로 표현하지 않는 것이 좋습니다. 다른 예 하나를 더 들어보겠습니다.

아빠(40대 중반): (공감해주는 듯한 말투) 네 얼굴이 그렇게 어두운 걸 보니 이번 결과로 많이 낙담했나 보구나.

(또는) 네 얼굴이 그렇게 어두운 걸 보니 이번 결과로 많이 낙담한 듯 보이는데, 그런 거니?

"네 얼굴이 그렇게 어두운 걸 보니 이번 결과로 많이 낙담했나 보구나" 이것은 가설형이고, "낙담 된 듯해, 그런 거니?" 이것은 의문형입니다. 이런 식으로 가설형이나 의문형을 사용하는 것이 좋습니다.

아빠(40대 중반): (다 안다는 듯, 확신하는 말투) 네 얼굴이 그렇게 어두운 걸 보니 이번 결과로 많이 낙담 된 게 틀림없네.

"낙담한 게 틀림없네 / 낙담했군." 이것은 단정형입니다. 이런 식으로 말씀 안 하는 것이 좋습니다.

자녀에게 안 된다고 말할 때의 요령이 있습니다. 자녀의 말 이면에 숨겨진 감정을 이해하고 반응을 보여줌으로써 자녀는 부모가 자신의 감정에 귀를 기울여 주었다는 것을 알게 됩니다. 그리고 자녀가 한 말에 대해서 항상 피드백이 필요한 것은 아니라는 것도 명심하셔야 합니다. 너무 전부를 알려고 기대하지 말아야 합니다. 가끔 대화보다는 위로받기를 원할 때가 있습니다. 이럴 땐 억지로 캐내려 하지 않는 것이 좋습니다. 말없이 곁에 있어 주는 것도 자녀를 돕는 방법입니다. 우리 자녀들이 울고 싶다거나 자신을 안아줬으면 할 때는 따뜻하게 안아주시는 것도 좋은 방법입니다. 격한 감정을 토로하고 싶어 한다면 말하지 않고 가만히 듣기만 하는 것이 더 좋습니다. 그리고 여유를 갖고 서두르지 마세요.

쉬어가기

정리 정돈 안 하는 우리 아이, 어떻게 해야 할까요?

'너-메시지'보다는 '나-메시지' 사용하기

너-메시지는 "너, 방이 이게 뭐니? 너 때문에 미치겠다, 넌 왜 이렇게 게을러 터졌니?"와 같이 잘못에 대해 상대방에게 탓을 모두 돌리고 상대방을 공격하는 화법입니다. 반면, 나-메시지는 "나는 너의 방에 가방과 물건들이 여기저기 널려있는 모습을 보니, 네가 필요한 물건들을 제때 찾을 수 있을까 걱정이 되는구나", "나는 너의 방에 빨랫감들이 여기저기 널려있어서 청소할 때마다, 매우 힘이 들어. 양말은 빨래 바구니에 넣어주길 부탁한다.", "아빠는 네가 스스로 방 청소를 하겠다는 약속을 자꾸 어겼을 때, 속상하다."와 같이 나를 주어로 나의 입장과 감정을 솔직히 전달함으로써 서로의 이해를 돕는 화법입니다.

보다 현실적인 대안을 부모와 자녀가 함께 모색하기

다양한 방법들을 서로 함께 논의한 후 서로 만족할만한 실천적인 해결책을 결정합니다. 실천 방안은 애매하고 모호한 행동 방안들보다 현실적으로 실천 가능하고 가시적이며 구체적인 행동 목표가 좋습니다.

청소년기 자녀를 둔 부모들이라면 한 번쯤 정리 정돈이나 방청소 문제로 아이와 마찰을 빚은 경험이 있을 것입니다. 이것은 전 세계 모든 10대들의 공통적 특징 중 하나입니다. 앞서 배운 발달과정에 있는 아직 미성숙한 전두엽과 관련이 있습니다. 하지만 자녀가 정리 정돈을 잘 하지 않으면 위생상의 문제도 있고 생활습관이라는 중요한 부분과도 연결되어 있기 때문에 자녀와 함께 좋은 해결책을 마련해야 할 필요가 있습니다.

[출처: 출처: 대한민국 여성가족부 블로그 '가족사랑'
http://blog.naver.com/mogefkorea/220942923900
"청소년기 자녀가 있는 아버지 양육가이드북"-<함께 행복한 아빠되기>]

오늘의 점검

감정을 이해하기 위해서는 경청 방법을 이용한다고 하였습니다. 경청에 대해 학습은 하였으나 실제 상황에 놓였을 때 어떤 반응을 보여야 할지 어려울 수 있습니다. 이 장에서 읽은 것을 바탕으로 특정 상황들에서의 아버지로서 자녀에게 보여야 할 반응을 연습해볼까요?

Q. "감정을 이해하기 위한 경청 방법"의 3단계가 무엇인지 떠올려 보고, 이 방법을 적용하여 다음 상황에서 아버지로서 자녀에게 어떻게 반응하면 좋을지 생각해 보고 적어보세요. 이때 "반드시 명심해야 할 사항"은 무엇인지도 적어보세요.

중학교 2학년인 민영이의 엄마는 직장 생활을 하기 때문에 낮에 집에 없다. 민영이 엄마는 민영이에게 스스로 교복을 다려 입으라고 하면서, 민영이의 교복을 다릴 때 중 3인 오빠의 교복도 함께 다리라고 부탁했다. 그래서 민영이는 오빠의 교복과 본인의 교복을 함께 다리곤 했다. 이 점이 늘 불만스러웠지만 표현은 하지 않았다. 하지만 이러한 불만이 쌓여, 가끔 불쑥불쑥 아무것도 아닌 일에 짜증을 내거나 화를 내는 일이 많아졌다.

어느 날 아침, 민영이 엄마는 여느 때와 마찬가지로 출근을 준비하며 민영이에게,

"민영아, 오늘 학교 갔다 와서 오빠 교복도 같이 다려놔, 알았지? 학교 잘 다녀와~!!" 하고 집을 나서려고 했다. 그런데 갑자기 민영이가 화를 버럭 내며,

"왜 맨날 나한테만 이런 일 시키는데? 오빠가 직접 다리라고 해~!" 하며 소리를 질렀고, 엉엉 울기 시작했다.

1. 짜증을 내는 자녀에게 경청 방법 적용하기

"감정을 이해하기 위한 경청 방법"의 3단계
아버지로서 해야 할 반응:

반드시 명심해야 할 사항 :

참고문헌

이윤정 (2010). **아이는 사춘기 엄마는 성장기**. 서울: 한겨레 에듀.

최성애, 조벽 (2012). **청소년 감정코칭**. 서울: 해냄.

Don Dinkmeyer(Sr), Gary McKay, Joyce McKay, Don Dinkmeyer(Jr)(황옥자, 이지연 공역) (2012). **청소년의 부모STEP**. 서울 : 창지사.

Don Dinkmeyer(Sr), Gary McKay, Joyce McKay, Don Dinkmeyer(Jr) (1998). **Parenting teenagers**. Fredericksburg, VA : STEP Publishing.

Natalie Levisalles(배영란 역) (2011). **청소년, 코끼리에 맞서다**. 서울 : 한울림.

Rosenberg, Marshall B. (2003). **Nonviolent Communication : A Language of Life**. Encinitas, CA : PuddleDancer Press.

Sheryl Feinstein(황매향 역) (2008). **부모가 알아야 할 청소년의 뇌 이야기**. 서울 : 지식의 날개.

Sheryl Feinstein (2007). **Parenting the Teenage Brain**. Lanham, MD : Rowman & Littlefield Publishing.

8장

10대와 소통하는 양육방식 (3)

오늘의 이야기

여러분은, 여러분의 10대 자녀를 어떻게 키우고 싶으신가요? 아마도 자녀가 건강하고, 자신감을 갖고, 협동심과 책임감이 있기를 바랄 것입니다. 자녀가 바라는 대로, 행복하게 잘 자라도록 하기 위해서는 부모와 자녀와의 원활한 소통이, 소통을 위해서는 대화가 필요합니다.

부모와 자녀가 대화를 할 때 소통하는, 쌍방이 모두 이길 수 있는 대화방식에는 무엇이 있을까요? 이 장을 읽으면서 어떤 대화방식이 있을지 찾아봅시다.

존중과 격려로 의사소통하기

자녀가 경청하도록 하려면

자녀가 경청하도록 하려면 존중하는 태도로 '부모 자신의 느낌'을 말하셔야 합니다. 비판하는 태도나 나무라는 듯한 태도, 탓이나 지적하는 태도를 배제하고 단순히 부모인 나 자신의 느낌만을 전달하는 방법입니다. 이 방법은 세 부분으로 나누어지는데요. **첫 번째**는 어떤 일이 일어나고 있는지 말하는 부분, 즉, **'상황 설명'** 부분이고요. **두 번째** 부분은 내가 어떻게 느끼는지 말하는 부분, **'나의 느낌'** 부분입니다. **세 번째** 부분은 왜 그렇게 느끼는지 이유를 설명하는 부분, **'이유'** 부분입니다.

'너-전달법'의 경우에는 질책하는 메시지를 전달하게 됩니다. "너 왜 늦게 왔어?", "너, 방이 왜 그렇게 지저분하니?", "너 일찍 좀 일어나고 숙제를 제때제때 해라.", 이게 '너-전달법'인데요. 이렇게 되면 우리 자녀가 방어적이 되어 부모의 말에 더 이상 귀를 기울이거나 협조하려고 하지 않게 됩니다.

반면에 '나-전달법'은 존중하는 마음을 보여줍니다. 자녀가 부모의 권리를 무시할 때 부모가 어떻게 느끼는지를 말하는 방법으로 사용하시면 좋습니다. 어떤 문제에 대해 대화를 나누는 가장 좋은 방법입니다.

예를 들면, "네가 전화를 하지 않을 때 난 걱정이 된단다. 왜냐하면, 네가 어디 있는지 모르니까." 이 대화에서 상황 설명의 부분은 "네가 전화를 하지 않을 때" 고요. 느낌 부분은 "나는 걱정이 된다."입니다. 그리고 이유 부분은 "왜냐하면 네가 어디 있는지 모르니까."입니다.

자녀가 경청하도록 하기 위한 두 번째 방법은 문제의 본질을 파악하는 것입니다. 우리를 괴롭히는 문제는 대개의 경우, 자녀의 '행동'이 아니라 행동의 '결과'입니다. 따라서 부모는 행동의 '결과'와 '이에 대한 부모 자신의 감정'에 초점을 맞추면 문제에 관해 더 적절한 표현을 찾을 수 있습니다.

다음은 영어와 수학 공부를 잘하지 않는 자녀에게 두 가지로 반응한 것입니다. 어떤 것이 문제의 본질을 파악한 것일까요? 첫 번째 경우, "영어랑 수학 공부를 미리미리 좀 해라. 안 그러면 각오해!" 두 번째 경우, "네가 영어랑 수학 공부를 미리 하지 않으면 난 네가 좋은 내신을 받지 못하여 대학 가는 데 지장이 있을까 봐 걱정이 된다." 중에서 골라보세요. 네, 그렇습니다. 자녀의 문제에 대해 적절히 표현한 것은 두 번째 경우인 "네가 영어랑 수학 공부를 미리 하지 않으면 난 네가 좋은 내신을 받지 못하여 대학 가는 데 지장이 있을까 봐 걱정이 된다."입니다.

자녀가 경청하도록 하는 세 번째 방법은 화가 날 때는 각별히 신중해야 한다는 것입니다. 화가 많이 난다고 느끼기 전에 '나-전달법'을 사용해 보세요. 그리고 자신의 혼잣말을 변화시키고, 감정이 누그러진 다음에 대화를 나누도록 노력해 보세요. 극도로 화가 날 때에는 감정을 다스리도록 그 장소를 잠시 떠나는 타임아웃을 쓰는 것도 좋은 방법입니다. 그 외에도 '경청할 자세를 갖추기', '다정한 '나-전달법' 표현 사용하기'가 자녀가 경청하도록 하는 방법들입니다.

자녀의 자아존중감을 키워주려면

자녀의 자아존중감을 키워주기 위한 가장 좋은 방법은 '격려'입니다. 격려는 부모가 자녀에게 '나는 받아들여지고 있다.', '나는 유능해.', '나는 사랑받고 있어.'와 같이 수용, 유능, 사랑 세 가지를 인식하게 만들어 주는 방법입니다. 격려를 잘 하기 위한 방법에는 자녀를 사랑하고 있는 그대로 받아들이기, 자녀의 노력을 찾아 인정해주기, 자녀에게 감사의 표현하기, 자녀 신뢰하기가 있습니다[Dinkmeyer(Sr), McKay, McKay, Dinkmeyer(Jr), 1998; Levisalles, 2009; Feinstein, 2007].

칭찬과 격려의 차이

앞에서 살펴본 칭찬과 격려는 목적이 다릅니다. 칭찬은 보상인 반면, 격려는 선물이라고 볼 수 있습니다. 칭찬을 자주 해주게 되면 자녀는 칭찬을 통해 남을 기쁘게 해 주는 것을 학습하고, 칭찬을 자신의 가치를 느낄 수 있는 유일한 수단으로 여기게 됩니다. 칭찬에 익숙해지면 자신의 있는 그대로의 모습으로 인정받고 수용 받는다는 느낌을 갖기 어렵지요. 반면 격려는 조건 없이 주어지는 선물로, 노력하거나 발전한 데에 대해 주어지는 것이라고 할 수 있습니다. 격려는 자녀의 특별한 점을 찾아 인정해주는 방법으로 사용할 수 있습니다. 이 방법은 자녀가 잘하지 못할 때나 실수했을 때에도 해줄 수 있는데요. 부모의 격려는 자녀에게 있는 그대로의 모습으로 소중히 여겨진다는 느낌을 갖게 합니다. 그리고 그들이 자기 자신을 받아들이고 자신이 유능하다고 느끼게 하는 데 도움이 되며 자아존중감을 높여줍니다[Dinkmeyer(Sr), McKay, McKay, Dinkmeyer(Jr), 1998; Levisalles, 2009; Feinstein, 2007].

칭찬은 가치 판단적 표현을 사용하는 반면, 격려는 인정하는 표현을 사용합니다. "친구를 도와준 것을 보니, 넌 정말 착한 아이구나!", "네가 이번에 전교 1등을 했구나. 아빠는 네가 너무나 자랑스럽다."와 같은 표현이 가치 판단적 표현입니다. 친구를 도왔으니 착한 아이라는 거고, 이번에 전교 1등을 했기 때문에 자랑스럽다는 거지요. 조건부 인정이고 수용입니다. 이에 비해 격려의 표현은 "친구를 도와주었구나. 친구가 많이 고마워했겠네.", "네가 이번에 전교 1등을 했구나. 정말 열심히 했구나. 수고했다. 노력한 대가를 얻어서 기분이 좋아 보이는구나."라는 식의 표현입니다. 격려의 인정하는 표현은 자녀가 신념을 갖는 데 도움이 됩니다. 그리고 자녀가 "난 할 수 있어.", "난 해낼 거야."라고 말할 수 있게 합니다. 또한 자녀가 남과 협력하고 남을 배려할 수 있게 하고, 자발적 동기를 갖게 하기도 합니다. 이렇게 칭찬과 격려를 비교해보았는데요. 과잉 칭찬은 부담과 실망을 줄 수 있기 때문에 대개의 경우, 칭찬보다는 격려를 선택하는 편이 더 효과적이라고 할 수 있습니다.

격려하는 표현은 다음과 같습니다. "고맙다. 네가 큰 도움이 되었다.", "너의 판단을 믿는다.", "그 일을 정말 열심히 했구나.", "너는 갈수록 수학이 좋아지고 있구나.", "넌 할 수 있어." 여러분이 자녀를 격려하고 싶을 때, 적절히 사용해 보세요.

간혹 부모님들이 격려의 말은 하는데, 그 뒤에 실망시키는 말을 덧붙이는 경우가 있습니다. 예를 들면, "너는 그 일을 열심히 했구나."라고 격려를 한 후, "네가 좀 더 자주 그러면 좋겠는데…"라는 말을 덧붙이는 것이죠. 또는 "넌 할 수 있어."라고 격려한 후, "그러니까 불평하지 말고 얼른 그걸 시작해."하고 덧붙이는 경우도 있는데, 이러한 표현들은 격려를 주었다가 다시 뺏는 말들입니다. 따라서 격려를 할 때, 이점을 주의하시기 바랍니다.

격려의 또 다른 방법: 행동으로 격려하기

격려의 또 다른 방법으로는 행동으로 격려하는 것입니다. 미소 지어주기, 엄지 척해주기, 등 토닥여주기, 고개 끄덕이기, 자녀의 말을 가로막지 않고 경청하기, 껴안아 주기가 행동으로 격려하는 방법들입니다.

협력적으로 문제 해결하기

문제 다루기

10대 자녀와 협력적으로 문제를 해결하기 위해서 문제를 다루는 방법에 대해 알아보겠습니다. 문제를 소유한 사람이 문제를 해결할 책임을 지는 것으로 해야 합니다. 10대의 자녀는 자신의 문제 중 많은 부분을 스스로 책임질 능력이 있습니다. 따라서 부모가 자녀의 문제를 대신 해결해주려고 나서지 않는 것이 좋습니다. 그리고 대화로 많은 문제를 해결할 수 있고요. 가족회의를 통해 많은 문제를 해결할 수 있습니다[Dinkmeyer(Sr), McKay, McKay, Dinkmeyer(Jr), 1998; Levisalles, 2009; Feinstein, 2007].

자녀가 문제를 소유한 경우에 부모가 스스로 나서서 문제를 해결하려 해서는 안 됩니다. 자녀가 주체적으로 자신의 문제를 해결해야 합니다. 반대로 부모가 문제를 소유한 경우에는요. 자녀의 목표에 대해 먼저 생각해 보셔야 합니다. 그러고 나서 '나-전달법'을 사용하여 부모가 자신의 감정을 전달하셔야 합니다. 그리고 반영적 경청 기술을 사용하여 자녀의 감정을 파악한 후 자녀에게 피드백을 해 줍니다. 그리고 자녀에게 선택권을 제시하시는 게 좋습니다. 자녀의 거친 말이나 무례한 행동을 대하면 극도로 분노를 느낄 수 있는데요. 이때에는 아무 말도 하지 않고 그 자리를 떠나는 게 최선의 방책입니다. 쿨~ 하게 말입니다. 자녀와 맞서 싸우려고 하지 마세요. 이렇게 부모가 아무 말도 하지 않고 그 자리를 떠나는 방법이, 이런 행동 자체가 자녀에게 강력한 메시지가 될 수 있습니다.

세 번째는요. 부모와 자녀가 문제를 공동 소유한 경우인데요. 이 경우에는 역시 '나-전달법'을 사용하여 부모가 자신의 감정을 전달하고요. 그리고 반영적 경청 기술을 사용하여 자녀의 감정을 파악한 후 자녀에게 피드백을 해주십니다. 그리고 마지막으로 '나-전달법'을 사용하여 자녀가 부모의 감정을 이해하도록 도와주셔야 합니다.

대안 탐색을 통한 문제 해결 방법

대안 탐색을 통한 문제 해결 방법을 알아보겠습니다. 그 방법 중 하나가 자녀와의 대화를 이용하는 것입니다. 충분한 시간을 갖고 자녀의 말을 경청하고 대화하며 문제 해결의 방안에 대한 합의를 이끌어내는 것이죠.

대안을 탐색하기 위해서는 다음과 같은 다섯 단계를 거칩니다. 단계별 활동에 대해 좀 더 자세히 살펴보겠습니다. 대안 탐색을 위해서는 먼저 문제를 정확히 이해해야 합니다. 이 단계에서는 모두가 문제와 이에 대한 양측의 감정을 정확히 인식하도록 해야 합니다. 반영적 경청 기술을 사용하여 자신이 제대로 이해했는지 질문하고, 존중하는 태도로 문제를 명확하게 설명해야 합니다. 그리고 '나-전달법'을 사용하여 다음과 같은 형식으로 자신의 감정을 정확하게 설명해야 합니다. "네가 ~하면 나는 ~을 느껴. 왜냐하면, ~때문이야."

이렇게 서로 충분히 문제에 대한 이해가 되었으면, 두 번째는 브레인스토밍으로 여러 가지 대안을 찾아보아야 합니다. 브레인스토밍을 하기 위해서는 열린 마음을 가져야 하고, '어떤 생각이든 관계없이' 될 수 있는 대로 많은 아이디어를 생각해내도록 해야 합니다. 다음 단계에는 브레인스토밍으로 나온 여러 아이디어를 놓고 토의를 하며, 그 결과로 하나의 아이디어를 선택합니다. 이때 이 아이디어는 모두가 받아들일 수 있어야 합니다. 마지막으로 아이디어를 얼마 동안 실험하면 좋을지 토의합니다. 즉 함께 어느 정도의 기간이면 아이디어를 충분히 실험할 수 있을지 의논하여 결정하는 것이죠. 또한, 그 아이디어가 효과가 있는지 재논의할 시기를 정해야 합니다.

개방형 질문 사용

자녀와 대화를 할 때에는 개방형 질문을 사용하는 것이 좋습니다. 개방형 질문은 자녀가 대화를 이어가도록 유도하는 힘이 있기 때문이에요. 개방형 질문은 또한 자녀에 대한 존중을 보여줄 수 있으며, 부모가 자녀의 생각을 듣고 싶어 한다는 것을 보여주게 됩니다. 개방형 질문을 할 때는 "누가?", "언제?", "어디에서?", "무엇을?",

"어느 것을?", "어떻게?"와 같은 단어를 사용할 수 있습니다. 개방형 질문을 할 때는 "왜"라는 단어는 가급적 사용하지 말아야 한다는 것, 기억하시기 바랍니다. 이 단어는 자녀를 방어적으로 만들 수 있기 때문이에요.

대화 나누기가 힘든 경우엔?

부모와 자녀가 대화를 나누기 어려운 상황들이 있습니다. 부모나 자녀가 극도로 화가 나서 감정이 격앙되었을 때, 두 사람이 문제를 바라보는 시각이 판이하게 다를 때, 부모가 참을성이 부족할 때, 두 사람 모두 자신이 옳다고 믿을 때 대화가 어려운데요. 이런 경우들이 종종 있지요? 이런 경우에는 어찌해야 할까요?

우선 존중하는 태도를 유지해야 합니다. 그리고 갈등 상황인 경우에는 감정이 앞서서 문제의 본질을 놓치게 될 수 있기 때문에 문제의 본질을 찾아 본질에서 벗어나지 않게끔 대화해야 합니다. 또한 싸우지 않기로 합의해야 합니다. 기다렸다가 나중에 대화하는 것도 좋은 방법입니다. 그 외에도 합의서로 문서화하고, 서로의 유사점을 찾아보는 방법이 있습니다. 유사점을 찾을 때, 가끔 두 사람의 유사점이 문제를 더욱 어렵게 만들 수도 있습니다. 두 사람이 다 말하는 것을 좋아한다면 언쟁을 할 때 서로 마무리 발언을 자기가 하려고 할 것이고, 두 사람이 다 감성이 풍부하다면 거친 말이 오갈 때는 둘 다 마음의 상처를 입을 것이기 때문입니다.

책임감 길러주기: 결과 사용하기

훈육과 처벌의 차이

훈육(discipline)과 처벌(punishment)은 같은 걸까요? 훈육과 처벌은 같은 것이 아닙니다. 부모님들은 자녀의 행동을 통제하기 위해 처벌과 보상을 사용하고는 합니다. 하지만 이것은 자녀의 독립심과 책임감 증진에 도움이 되지 못합니다.

위협하기, 소리 지르기, 비하하기, 특권 빼앗기, 외출 금지하기, 체벌 등은 처벌에 해당합니다. 반면, 훈육은 일회성 말이나 행동이 아닌, 긴 시간이 걸리는 일련의 과정입니다. 훈육을 통해 자녀는 스스로 결정을 내림으로써 자신의 삶을 주체적으로 책임질 수 있고, 자신이 선택한 행동의 결과에서 배울 수 있습니다. 그럼 어떻게 하면 훈육을 잘하는 것일지, 이야기해 보도록 하겠습니다[Dinkmeyer(Sr), McKay, McKay, Dinkmeyer(Jr), 1998; Levisalles, 2009; Feinstein, 2007].

적절한 훈육: 선택권과 기회

적절한 훈육을 위해서는 의사결정을 위해 선택권과 기회를 주고, 10대 자녀가 결과에서 스스로 배우도록 해야 합니다. 그리고 결과 사용은 처벌이 아니라는 것을 기억하셔야 합니다. 좀 더 자세히 살펴볼까요?

'의사결정을 위해 선택권과 기회를 주라'는 것은, 일정한 한계 내에서 선택과 결정할 수 있는 기회를 주어야 한다는 의미입니다. 하지만 여전히 한계를 설정할 필요가 있지요. 본인과 타인의 안전을 위협하거나 도덕과 윤리를 위반하는 행동에 대해서는 당연히 제한을 두어야 합니다.

'10대 자녀가 결과에서 배우도록 하라'고 하는 것은 무슨 의미일까요? 어떤 결과는 자연스럽게 일어납니다. 즉 어떠한 행동을 하면 당연히 발생하는 자연적 결과가 일어날 수 있다는 말입니다. 예를 들면, 공부를 하지 않으면 좋은 성적을 받을 수 없습니다. 추운 날씨에 외투를 입지 않고 등교하면 감기에 걸릴 수 있고요. 하지만 자연적 결과는 안전하지 못한 경우도 있고, 모든 행동에 자연적 결과를 적용시킬 수는 없기 때문에 때로는 논리적 결과를 사용하도록 시도해야 합니다.

마지막 훈육 방법은 '결과를 사용한다는 것은 처벌이 아니라는 것을 기억하라'는 것입니다. 그럼, 결과는 무엇을 말하는 걸까요? 결과란 본인이 선택한 행위에 따르는 후속 결과에 대해 스스로 책임을 감수하는 것을 말합니다. 그 결과를 감수하는 과정을 통해 스스로 배울 수 있는 기회가 됩니다. 결과는 부모와 10대 자녀에 대한 존중감을 보여주고, 잘못된 행동에 비추어 적절하다고 할 수 있습니다. 그리고 결과는 사람이 아니라 행동을 대상으로 합니다. 즉, '행위자와 행위를 구분하라'는 것인데요. 교정되어야 하는 것은 10대 자녀가 아니라, 잘못된 행동인 거지요. 결과는 행동을 대상으로 하기 때문에 자녀에게 "난 너의 행동은 잘못이라고 생각하지만 너는 변함없이 사랑해"라고 느끼게 해줍니다. 결과는 또한 과거가 아니라 현재와 미래의 행동만을 대상으로 합니다. 따라서 결과는 지나간 과거의 모든 행위를 들추지 않습니다. 또한 결과는 확고하고 단호하되 친절하고, 존중과 배려를 보여주며, 선택의 여지를 줍니다.

결과 설정 방법

결과를 설정할 때 따라야 할 몇 가지 지침을 소개하겠습니다. 첫 번째는, '목표를 파악하라', 두 번째는 '누가 문제의 소유자인지 결정하라', 세 번째는 '선택권을 제시하라', 네 번째는 '결과를 실행에 옮겨라'입니다[Dinkmeyer(Sr), McKay, McKay, Dinkmeyer(Jr), 1998; Levisalles, 2009; Feinstein, 2007].

자녀가 보일 수 있는 행동 목표에는 관심 끌기, 힘 과시하기, 앙갚음, 무능함 보이기가 있었습니다. 결과를 설정하기 위해서는 자녀가 보이는 행동의 목표부터 먼저 파악해야 하는데요. 관심 끌기가 목표인 경우에는 요구하는 관심을 주지 않는 것이 최선의 방법입니다.

힘 과시하기가 목표인 경우에는 자녀와 싸움에 말려들지 않는 것이 최선의 방법이죠. 자녀와의 파워 게임에 말려들지 말아야 한다는 의미입니다. 자녀의 잘못된 행동의 목표가 앙갚음인 경우에는 상처를 입는 대신 결과를 적용하는 것이 좋습니다. 그래야 존중과 신뢰를 쌓는 데 노력을 집중할 수 있습니다. 마지막으로 무능함 보이기가 목표인 경우에는 포기하거나 비판하지 않고 동정도 하지 말아야 합니다. 대신 가능한 한 격려를 해주어야 합니다. 그리고 자녀가 할 수 있는 것에 집중하여 사소한 것이라도 노력이나 발전한 점을 보이면 찾아 인정해 줄 수 있어야 합니다. 그러면 자녀가 다른 분야에서 시도할 자신감 회복에 도움이 될 수 있습니다.

결과 설정을 위해서는 누가 문제의 소유자인지 결정해야 합니다. 자녀가 문제의 소유자인 경우에는 결과를 창출할 필요가 없습니다. 언제나 자연적 결과가 일어나기 때문에 그 결과가 위험하지 않다면 개입하지 않아도 됩니다. 그냥 그 결과를 통해 자녀가 자연스럽게 배울 수 있도록 부모는 잠자코 지켜보기만 하면 됩니다. 만일 부모 자신이 문제의 소유자인 경우라면 결과를 창출할 수 있습니다.

결과를 설정하려면 자녀에게 선택권을 제시해야 합니다. 자녀가 스스로 결정하는 법을 배울 수 있도록 선택권을 제시하는 게 중요하다는 것인데요. 부모가 선택권을 제시할 때 유념할 것은 어느 쪽을 선택하더라도 옳은 결정이라는 것입니다. 예를 들어 볼까요? 자녀가 거실을 어질러 놓은 상황이라고 가정하겠습니다. 이때 "네가 거실에 어질러 놓은 것들을 목요일 저녁 7시까지 치워라. 그렇지 않으면 내가 그 물건들을 상자에 넣어 창고에 보관하겠다."라고 하면서 선택권을 제시하도록 하는 것이죠. 여기서 중요한 것은 "버리겠다." 라고 말하지 않는 게 중요합니다. "너희들이 모두 새벽 1시 이후에는 불을 끄고 자겠다고 약속한다면 친구들을 데려와서 자도 좋다.", "세탁물 바구니에 빨래들을 넣어라. 세탁물 통에 들어 있는 옷들만 세탁하겠다."도 선택권을 제시하는 표현이라고 할 수 있습니다.

결정을 협상할 때에는 가능하다면 자녀와 함께 논의하여 결과를 결정하는 것이 좋습니다. 다시 말해, 결과를 협상하라는 의미인데요. 자신이 결정 과정에 참여한 경우, 결과에 승복할 가능성이 좀 더 높기 때문이죠. 논의할 때에는 다음과 같은 표현을 이용하면, 좀 더 자연스럽게 자녀의 참여를 유도하고 결과를 협상할 수 있습니다. "만일 네가 부모라면 이런 경우 어떻게 하겠니?", "어떻게 하면 공정한 결과가 될 거라고 생각해?", "10분간 이 문제에 대해 얘기할 수 있어?", "~이 아이디어를 어떻게 생각하니?"

협상은 반드시 문제가 발생하기 전에 해야 합니다. 문제가 발생하거나 힘겨루기가 시작될 때까지 기다려서는 안 됩니다. 가끔 협상 과정 자체가 의미가 없을 때가 있는데요. 문제가 너무 사소하거나 너무 중대한 때, 선택의 여지가 별로 없을 때, 자녀가 결정 과정에 참여하기를 거부하거나 불합리한 결과를 선택할 때가 바로 그런 경우입니다. 이런 경우에는 부모가 결과를 설정해야 합니다.

결과 사용하기 적용할 때의 11가지 기본 원칙

결과 사용하기를 적용할 때 알아두어야 할 11가지 기본 원칙에 대해 알아보겠습니다. 결과를 사용할 때에는 확고하되 온정적인 태도로 대해야 하고 말은 적게 행동은 많이 해야 합니다. 그리고 싸우거나 굴복하지 말아야 하며 존중하는 표현을 사용하고 자녀의 선택을 존중해야 합니다.

그리고 선택의 여지가 없을 때는 이를 확실히 밝혀야 합니다. 친구들과의 모임 장소에서 부모가 "이 모임에서는 아무도 술 마시면 안 돼, 알았지"라고 한다면 자녀는 어떻게 생각할까요? 아마도 자녀는 술을 마실 선택권이 있는 것으로 해석할 것입니다. "알겠지?", "괜찮지?"와 같이 물으면 선택권을 주는 게 되기 때문입니다. 실제로는 선택의 여지가 없으면서 마치 선택권이 있는 것처럼 암시를 주면 문제 발생의 소지를 만들게 되기 때문에 부모는 기대하는 바를 명확히 밝혀야 합니다. "알겠지?", "괜찮지?"와 같은 말을 붙이지 말아야 한다는 거죠. 즉 "이 모임에 참석하는 사람들은 아무도 술 마시면 안 돼.", "내가 없는 동안 친구들을 데려오면 안 돼." 이렇게 분명하게 말해야 한다는 것입니다. 계속해서 기본 원칙을 보겠습니다.

결과 사용하기를 적용할 때에는 긍정적인 행동에 초점을 맞추어야 합니다. 잘못된 행동을 교정한 후 짧은 시간 내에 자녀의 긍정적인 행동을 찾아 인정해주어야 한다는 의미입니다. 그리고 다른 사람들이 어떻게 생각할지 걱정하지 말아야 하고, 평온한 태도를 유지해야 합니다. 흥분하지 않고 친절하되 확고하고 존중하는 태도를 유지해야 한다는 의미로, 화가 나서 평온한 태도를 유지하기 어렵다면 아무 말도 하지 말고 잠시 타임아웃을 가지면서 마음이 가라앉을 때까지 기다리는 것이 좋습니다. 진정이 된 다음에는 자녀에게 어떤 선택권을 줄지 생각해 보아야 합니다.

부모는 서로 존중해야 한다는 것도 원칙 중 하나입니다. 재혼가정 자녀들은 계부모의 훈육을 받아들이지 않는 경우가 상당수 있는데요. 그 문제가 계부모와 계자녀 사이에 관한 것이 아니라면 훈육은 자녀와 이미 친숙한 관계인 친부모가 담당하는 게 좋습니다. 관계가 가까워진 때에는 계부모도 친부모와 같은 정도의 훈육자 역할을 수행할 수 있습니다. 마지막으로 소개할 원칙은 인내심을 가지는 것입니다.

쉬어가기

혼자서 알아서 하겠다는 아이, 어떻게 할까요?

10대가 되면 왜 독립심과 자율성이 생길까요? 청소년기가 되면 내면의 변화를 겪게 되는데, 이에 따라 자율성이 높아지게 됩니다. 자율성은 독립심보다 훨씬 어렵고 복잡하며 광범위합니다. 고차원적 인지능력과 자제력, 그리고 타인과의 친밀감, 유대감까지 포함하는 것이 자율성이죠. 독립적이지만 부모와 긴밀한 관계를 맺고 있는 아이는 심리적으로 건강합니다. 그 이유는 독립심과 자율성이 함께 성장했기 때문입니다.

자녀가 청소년기가 되었다면, **자녀를 돌보던 양육자에서 멘토, 파트너로의 전환**이 필요합니다. 만일 우리 아이가 "내가 알아서 할게요."라고 하면 너무 불안해하실 필요가 없습니다. 아이는 자신이 할 수 있는 일은 스스로 할 수 있게 되었으며 정말 필요한 순간에만 부모의 도움을 받을 만큼 많이 자랐다는 의미이기 때문입니다. 그때부터 부모는 '양육자'에서 '멘토'나 '파트너'의 입장으로 역할 전환을 해야 합니다.

다만, **부모가 할 수 있는 곁에서 지켜봐 주고 믿어주는 것**입니다. 아이가 "내가 알아서 할게요."라고 한 경우에도 부모의 도움이 필요할 수 있습니다. 하지만 직접적으로 나서서 도와주기보다는, 답을 제시하는 것이 아닌, 뒤에서 묵묵히 지켜보고 믿어주는 것이 필요합니다. 자녀의 진정한 심리적 성장을 바란다면 방문 앞에서 서성이거나 계속 아이를 들여다보며 왜 그러냐고 추궁하는 것은 피하세요. "무슨 일인지 몰라도 아빠 도움이 필요하면 언제든지 말해, 네가 잘 알아서 할 거라고 아빠는 믿는단다."라는 말 한마디가 더 좋습니다.

자녀의 올바른 성장을 위해서는 **피해야 할 말들**이 있습니다. 여러분의 자녀가 울 경우, **"울지 마. 그럴 가치도 없는 일이야."**라고 하시지는 않나요? 이러한 말은 아이의 감정을 평가절하하는 말로, 이런 말을 들으면 아이는 자신의 감정을 정확히 읽지 못하게 됩니다. 간혹 위로의 말로 **"자고 일어나면 다 괜찮아질 거야."** 하는 경우가 있습니다. 하지만 이러한 말은 자녀가 현재 느끼는 감정을 축소시키는 말이며, 자녀의 성장에 도움이 되지 않습니다. 복잡한 감정을 처리하려면 시간과 노력이 필요하다는 것을 아이가 배우도록 해야 하기 때문입니다. 자녀가 친구를 사귀는 것과 관련하여 **"나쁜 애들이야. 그런 애들이랑은 상대도 하지 마라."**라는 말도 하지 말아야 합니다. 설사 부당하고 억울한 일을 당했다 하더라도 이 문제를 해결하기 위해 복잡하고 다양한 기술을 익혀서 그에 맞서고 대항하는 능력을 기르는 것은 아이의 몫이기 때문입니다.

[출처: 대한민국 여성가족부 블로그 '가족사랑'
http://blog.naver.com/mogefkorea/220954170546
"청소년기 자녀가 있는 아버지 양육가이드북"-<함께 행복한 아빠되기>]

소통하는 대화: 윈-윈 대화

우리 자녀들과 대화할 때는 서로 소통이 잘 되는 대화를 하시고 싶으시죠? 소통이 잘 되는 대화는 쌍방 모두 자기가 하고 싶은 이야기를 다 할 수 있으면서 대화가 끝난 뒤에도 유감스러운 감정이 가급적이면 덜 남는, 그리고 피차 원하는 것도 얻어낼 수 있는 그런 대화일 것 같습니다. 다시 말해서 둘 중 한 사람이 이기고 다른 사람은 졌다는 느낌이 드는 게 아니라 두 사람 모두 이겼다는 느낌이 드는 그런 대화일 것 같습니다. 그래서 제가 소통이 잘 되는 이런 대화를 '윈-윈(win-win) 대화', 둘 다 이기는 대화라고 이름을 붙여 봤습니다.

'윈-윈 대화'란 다른 사람으로부터 공격이나 비판이나 평가를 들었을 때 우리가 습관적으로 보이는 반응들, 다시 말해서, 변명하기, 또는 물러나기, -물러나기는 움츠러들기, 또는 피하기라고도 볼 수 있습니다.- 또는 반격하기, 보복하기 등을 탈피하고, 대신 타인의 이야기를 경청하면서 주어진 상황에서 자신이 구체적으로 무엇을 원하는지까지도 명료하게 표현할 수 있는 대화입니다.

'윈-윈 대화'는 문제 해결 찾기에 급급해하는 대신에 관계 맺기·친밀감 형성을 우선적으로 추구합니다. 일차적으로 '객관적인 해결책 찾기'를 추구하는 게 아니라, '인간적인 만남'을 우선시하는 대화가 '윈-윈 대화'입니다. 문제가 있을 때 해결책 찾기에 급급하다 보면 서로가 인간 대 인간으로 촉촉하게 만나기 어려워지는데 친밀한 관계에서는 문제 해결책을 찾는 것보다 관계 맺기가 우선시 되어야 합니다. 그런 다음 해결책을 모색해야 합니다. '윈-윈 대화'에서는 만남을 통해 서로에 대해 공감하고 진솔한 자기표현을 추구합니다. "Connection before Correction!"이라고 하는데요. 뭔가 바로잡으려 하거나 그 상황을 개선하려고 하기보다는 그 이전에 관계 맺기를 먼저 추구하라는 것입니다.

다른 사람이 나를 비판하거나, 공격하거나, 평가하는 말을 하는 것으로 들릴 경우에도, 맞공격을 하거나, 반격, 변명, 회피하는 대신 상대방의 말을 그 사람의 충족되지 않은 욕구와 결부시킴으로서, 즉 '나를 향한 공격'이 아니라, '상대방의 어떤 채워지지 않은 욕구를 표현한 것'으로 받아들이는 것이 좋습니다.

소통하는 대화 (1): "나의 욕구를 표현하는 윈-윈 대화"의 4단계

소통하는 대화의 첫 번째 종류는요 "나의 욕구를 표현하는 윈-윈 대화"인데요. 이것은 다음과 같이 네 단계로 이루어집니다.

먼저 첫 번째 단계는요. '평가하지 않고 관찰하기' 단계입니다. 나의 반응을 유발한 자극, 다시 말해서 자녀에 대해 못마땅한 느낌이

들었다면, 못마땅하게 여겨지는 자녀의 어떤 행동이나 상황을 본 대로 들은 대로 아무런 평가 없이 그대로 서술하는 겁니다. 의견이나 평가적인 멘트를 보태지 마시고 그냥 확인할 수 있는 사실만을 관찰한 대로 중립적으로 서술하시면 됩니다(로젠버그, 2004; Rosenberg, 2003).

두 번째 단계는요. '해석하지 않고 느끼기' 단계입니다. 나의 반응을 유발한 이러한 자극, 관찰한 것과 관련하여 부모인 내가 어떻게 느끼는지를 명료하게 알아차려야 합니다. 내가 지금 무엇을 느끼는지 알아차리는데, 자신의 신체적 느낌 알아차리기가 도움이 됩니다. 예를 들면 숨이 막힐 것 같다, 가슴이 꽉 조이는 것 같다, 가슴이 떨린다, 목덜미가 땅긴다, 입이 바짝바짝 마른다… 등 이러한 것들은 모두 신체적인 느낌이죠. 우리가 어떠한 감정을 느끼게 되면 신체적·생리적인 반응이 따라오기 때문에 이러한 신체적·생리적인 반응을 알아차리면 내가 어떤 정서나 느낌을 경험하고 있는지 알아내는 데 도움이 됩니다.

내 '생각'을 말하거나 '평가'하지 않고 나의 '느낌'을 명료하게 감지한 후 이 감정에 이름을 붙여 봅니다. 불안하다, 기쁘다, 긴장된다, 행복하다, 뿌듯하다, 화가 난다, 섭섭하다, 서운하다, 두렵다 등. 느낌을 표현할 수 있는 많은 감정 용어들이 있습니다. 위 첫 번째 단계에서 관찰된 자극을 지금 알아차린 이 느낌과 결합시켜야 합니다. "~했을 때 ~했다." 이런 식으로 시간적 연관성만을 표현하셔야 합니다. "~했기 때문에 ~했다."와 같이 인과적 연관성을 표현하는 것은 좋은 방법이 아닙니다. "네가 전화를 하지 않았을 때 걱정이 되었다." 이것은 시간적 연관성만을 표현한 것입니다. 그런데 이에 반해서 "네가 전화를 하지 않았기 때문에 걱정이 되었다." 이것은 인과적 연관성을 표현하는 건데요. 이처럼 "~하기 때문에 ~했다."와 같이 인과적 연관성을 표현하게 되면 상대방을 탓하는 것, 지적하는 것으로 들리게 되어 상대방은 방어적이 됩니다.

다음 세 번째 단계는요. '방법 대신 욕구'를 알아차리는 단계입니다. 이 느낌이 나의 어떤 욕구나 필요에서 나오는 것인지 알아내셔야 합니다. 나의 느낌이나 감정은 나의 어떤 채워지지 않은 욕구나 채우고 싶은 욕구, 필요에 의해서 나오는 경우가 많습니다. 즉 나의 느낌을, 나의 채우고 싶은 욕구나 필요에 대해 알려주는 신호로 여기셔야 합니다. 인간의 기본적인 욕구의 종류에는 다음과 같은 것들이 있습니다. 확신을 느끼고 싶은 욕구, 의미를 느끼고 싶은 욕구, 소속을 느끼고 싶은 욕구, 보호를 느끼고 싶은 욕구, 자율성을 느끼고 싶은 욕구, 개성, 존엄성, 안전을 느끼고 싶은 욕구, 평등한 대우, 자유, 유대감, 이해받고 싶은 욕구 등입니다. 이러한 기본적인 욕구에 대해 여러분들이 아시고요. 나의 어떤 욕구나 필요들이 채워지지 않았는지, 어떠한 욕구나 필요들을 채우고 싶은지를 알아내는 데 활용하면 좋을 것 같습니다.

네 번째 단계는요. 나의 욕구나 필요를 이렇게 알아내셨으면 이것을 상대방에게 전달하는 단계인데요. '강요 대신 부탁'을 통해서 전달하게 됩니다. 상대방이 나의 이러한 개인적인 욕구나 필요를 지금 바로 실현한다면 나는 무엇을 원하는지, 가능한 구체적인 행동을 부탁하시는 것이 좋습니다. 어떤 행동을 하지 말라는 부정적인 부탁 대신 원하는 행동이 무엇인지, 그것을 해달라는 긍정적인 행동을 부탁하는 게 중요합니다. "~하지 말았으면 좋겠어." 대신에 "너는 ~해 줄 수 있겠니?"라고 긍정적으로 부탁하시는 것이 좋습니다.

소통하는 대화 (2): 상대방의 욕구를 읽어주는 "상담자·파트너로서의 부모"의 5단계

소통하는 대화 두 번째 종류는요. 상대방의 욕구를 읽어주는 "상담자·파트너로서의 부모"입니다. 이것은 다음과 같이 다섯 단계로 진행이 됩니다. 부모가 상담자·파트너 역할을 잘하려면 다음의 다섯 단계를 잘 따르시길 바랍니다(최성애, 조벽, 2012).

첫 번째 단계는 자녀에게 문제가 된 상황에 대한 자녀의 감정이 무엇일지, '감정 포착하기' 단계입니다. 이 단계에서는 눈에 보이는 행동에 초점을 맞추어 행동을 먼저 지적하는 오류를 범하지 말아야 합니다. 즉, 행동보다는 감정을 먼저 읽어주어야 합니다. 이때 표정을 읽는 연습이 도움이 됩니다. 자녀의 감정을 단정 짓기 전에 탐색하거나 대화를 통해 확인하는 과정이 필요합니다. 잘 모르겠으면 "지금 기분이 어때?"라고 직접 물어보시면 됩니다.

두 번째 단계는 '좋은 기회로 여기기' 단계입니다. 자녀가 강한 감정을 보일수록 자녀와 심리적으로 연결되고 자녀가 성장하도록 도울 수 있는 좋은 기회이므로 이 기회를 활용하실 수 있습니다. 하지만 부드럽고 차분하게 반응하여 자녀가 안전감을 느끼도록 해야 합니다. 자녀와 한편이 되어준다는 느낌을 주는 게 중요합니다. 자신의 감정이 존중받고 이해받는다고 느낄 때, 안전감을 느끼게 되고 바람직한 대안을 생각하고 이성적으로 판단할 수 있는 여유가 생깁니다. 그리고 스스로 해결책을 찾아내는 데 도움이 됩니다.

"상담자·파트너로서의 부모"의 세 번째 단계는 '감정을 들어주고 공감하기'입니다. 상담자 파트너로서의 부모의 핵심은 경청과 공감입니다. 감정을 읽어주셔야 하는데요. 감정을 읽어주심으로써 감정으로 연결해야 합니다. 여기서 하지 말아야 할 것들이 있습니다. 즉각적으로 반박하기를 하지 마셔야 되고요. 비웃기, 상대방의 말과 상관없는 다른 말로 화제 바꾸거나 딴소리하기, 이런 것들은 하지 말아야 합니다. 부모가 먼저 자신의 생각과 느낌을 잘 알아차리실 수 있어야 자녀의 감정을 잘 공감해주실 수 있습니다.

그리고 질문을 하실 때는 열린 질문을 사용하셔야 되고요. 충고는 가급적 절제하셔야 합니다. 충고보다 공감과 이해가 먼저입니다. 그리고 문제 해결하기에 급급하지 말고 '관계 맺기'가 먼저라는 것도 기억하셔야겠고요. 감정에는 여러 층이 있음을 알고 여러 층의 감정을 탐색을 통해 알아주려고 노력해야 합니다.

'감정에 이름 붙이기'가 네 번째 단계인데요. 감정에 이름 붙이기가 왜 중요하냐면, 감정의 정체를 명료하게 알고 나면 좀 더 유연하고 폭넓게 대처법이나 해결책 찾기에 도움이 되기 때문에 그렇습니다.

감정을 느끼는 것은 우뇌에서 일어나는 현상이고 이것을 언어로 표현하는 언어 행위는 좌뇌에서 일어나는 현상인데요. 감정에 이름 붙이기는 이와 같이 우뇌에서 일어나는 현상을 좌뇌를 사용하는 언어 행위로 연결하는 작업이라고 볼 수가 있어요. 감정이 이성과 만나게 되어서 강한 감정에 이성적으로 대처할 수 있는 가능성을 높여주게 되는 거죠.

감정에 이름을 붙이려면 자녀가 어떤 감정인지 충분히 들어주는 게 필수입니다. "너, ○○○ 기분이지?" 이런 식으로 단정적으로 묻지 말고, "너, 혹시 ○○○ 기분이었어?", "○○○ 감정이었던 거니?"라는 식으로 조율의 여지를 두고 묻는 게 좋습니다. 존중에 기반을 둔 가설형이나 의문형을 사용하시라고 말씀드렸습니다.

다섯 번째 단계는요. '바람직한 행동으로 이끌어주기'입니다. 부모가 나서서 해결책을 제시해 주는 게 아닌, 스스로 해결책을 생각해 낼 수 있도록 질문을 통해 유도하는 게 좋습니다. 이때 '왜?'라는 질문은 좋지 않습니다. '왜'라는 질문 대신에, '무엇'과 '어떻게'로 질문하시는 것이 좋습니다. "왜 학원에 안 갔니?" 이거 별로 좋지 않죠. "뭘 하다가 학원에 안 가게 되었니?", "그럼 어떻게 하면 좋을까?" 이런 식으로 질문을 하시는 게 좋습니다. 그리고 자녀가 도저히 해결책을 생각해내지 못할 때는 조심스럽게 제안해도 됩니다.

오늘의 점검

앞서 10대 자녀와 소통하기 위해 도움이 되는 대화방식에 대해 질문드렸습니다. 이 장을 읽으며 답을 찾으셨나요? 다양한 대화방식을 자녀와의 대화에 어떻게 적용시키면 좋을지 생각해 볼까요?

Q. 자녀와 원활한 의사소통을 위해 적용하면 좋을 대화방식을 적어보세요.

1. 존중과 격려로 의사소통하는 방식

단순히 나 자신의 느낌만을 전달하는 방법:

자녀의 귀가가 늦었을 때 "나-전달법"을 적용한 표현:

---

2. 협력적인 문제 해결을 위한 대화

대안 탐색을 통한 문제 해결 방법(5단계):

개방형 질문에 쓰이는 단어:

---

3. 소통하는 대화: 윈-윈 대화

나의 욕구를 표현하는 윈-윈 대화(4단계)와 예시:

____

____

상대방의 욕구를 읽어주는 "상담자·파트너로서의 부모"(5단계)와 예시:

____

____

참고문헌

마셜 B. 로젠버그 (2004). **비폭력대화**. 서울: 바오출판사.

세레나 루스트 (2008). **마음을 나누는 비폭력대화: 기린과 자칼이 춤출 때**. 서울: 비전과 리더십.

이윤정 (2010). **아이는 사춘기 엄마는 성장기**. 서울: 한겨레 에듀.

이지영 (2015). **정서조절 코칭북**. 서울 : 시그마프레스.

최성애, 조벽 (2012). **청소년 감정코칭**. 서울: 해냄.

Don Dinkmeyer(Sr), Gary McKay, Joyce McKay, Don Dinkmeyer(Jr)(황옥자, 이지연 공역) (2012). **청소년의 부모STEP**. 서울 : 창지사.

Don Dinkmeyer(Sr), Gary McKay, Joyce McKay, Don Dinkmeyer(Jr) (1998). **Parenting teenagers**. Fredericksburg, VA : STEP Publishing.

Natalie Levisalles(배영란 역) (2011). **청소년, 코끼리에 맞서다**. 서울 : 한울림.

Rosenberg, Marshall B. (2003). **Nonviolent Communication : A Language of Life**. Encinitas, CA : PuddleDancer Press.

Sheryl Feinstein(황매향 역) (2008). **부모가 알아야 할 청소년의 뇌 이야기**. 서울 : 지식의 날개.

Sheryl Feinstein (2007). **Parenting the Teenage Brain**. Lanham, MD : Rowman & Littlefield Publishing.

9장

아버지의 자기감정 다스리기와 자기 심리 치유

오늘의 이야기

슬프고, 불안하고, 무섭고, 화나고, 걱정되고, 외로울 때, 반대로 기쁘고, 사랑스럽고, 행복하고, 감동적이고, 자신감 넘칠 때, 우리는 다양한 정서를 경험하고 다양한 표정을 짓습니다. 사람들은 다양하게 경험하는 자신의 정서조절을 위해 타인을 비난하기도 하고, 부정적인 감정을 폭력적으로 행사하기도 하며, 때로는 음식, 게임, 술에 빠지는 방법을 통해 정서조절을 하려고 합니다. 또 누군가는 친구를 만나 조언을 구하거나, 산책하거나, 운동을 하며 정서를 조절합니다.

여러분의 정신건강과 행복, 심리적 안녕감을 위하여 정서조절을 잘하는 방법은 무엇일까요? 이번 장을 읽으면서 정서를 조절하기 위한 올바른 방법을 찾아봅시다.

정서조절이 왜 필요한가

정서 지능

정서 지능은 1990년 미국 예일대학교의 살로베이(Salovey) 교수와 뉴햄프셔대학교의 메이어(Mayer) 교수가 처음 사용한 용어로, 1995년 골먼(Goleman)이 『Emotional Intelligence(이모셔널 인텔리전스: 정서 지능)』라는 책을 출간하면서 대중에게 알려지게 되었습니다(이지영, 2015; Bar-On, 1997; Matthews, Zeidner, & Roberts, 2002).

정서 지능은 '자신과 다른 사람이 느끼는 정서가 무엇인지' 알아내고, 정서를 구별하며, 적절히 조절하고, 상황에 맞게 활용할 수 있는 능력을 말합니다. 살로베이와 메이어는 정서 지능의 여러 차원 중에서 가장 상위 차원으로 정서조절 능력을 꼽았습니다.

2015년, 이지영 교수는 정서조절의 일차적 목표는 불쾌한 정서의 예방과 감소라고 하였습니다. 그리고 이 목표를 이루기 위해 동원되는 다양한 노력으로 구체적인 정서조절 방법에 초점을 두었습니다. 또한, 개인이 사용하는 구체적인 정서조절 방법이 얼마나 다양하고 적절한가에 따라서, 부정적 정서를 해소하는 정도뿐 아니라 궁극적으로는 그 사람의 정신건강 상태가 결정될 수 있다고 하였습니다. 우리 모두는 살면서 다양한 불쾌한 정서를 경험하죠. 그런데 이 불쾌한 정서들을 잘 다루지 못하면 몸의 건강도 해칠 뿐 아니라, 상황에 적절하지 않게 다른 사람에게 화를 내거나 폭력적이 되기도 하며 이로 인해 타인과의 관계를 망쳐버리거나 일을 그르쳐 버리기도 하죠. 그렇다고 마냥 참기만 하는 것도 능사는 아닙니다. 꾹꾹 참다 보면 생리학적 변화로 인해 신체적 질병의 원인이 되기도 하거든요. 그래서 우리는 정서를 적절하게 조절하는 방법들을 알아야 합니다.

정서조절 방법

정서를 조절하는 방법은 정서의 어떤 측면에 접근하여 정서적 변화를 초래하느냐에 따라서 '인지적 방법', '경험적 방법', '행동적 방법', 이렇게 세 범주로 구분할 수 있습니다. 이 방법들 중 어떤 것들은 적응적인 방법들에 해당되고 다른 것들은 부적응적인 방법들에 해당됩니다. 당연히 부적응적인 정서조절 방법들을 많이 사용하게 될 경우, 심리적인 건강이나 정신건강에 안 좋은 영향을 미치게 되죠. 좀 더 자세히 알아보겠습니다.

인지적 방법	경험적 방법	행동적 방법
능동적으로 생각하기	즐거운 상상하기	문제해결 행동 취하기
수동적으로 생각하기	감정을 표현하고 공감 얻기	조언·도움 구하기
인지적으로 생각하기	감정 수용하기	친밀한 사람 만나기
부정적으로 생각하기	타인에게 부정적 감정 분출하기	기분전환 활동하기
타인 비난하는 생각하기	안전한 상황에서 부정적 감정 분출하기	폭식하기
		탐닉 활동하기

정서조절과 심리적 건강과의 관계

정서조절을 잘하느냐, 못 하느냐 하는 것이 심리적 건강과 관련이 있다는 것을 알고 계셨는지요? 그럴 것 같지 않으세요? 연구 결과들에 의하면 정서조절 능력이 부족한 것은 심리적 부적응과 정신병리에 이를 수 있다고 해요.

정서조절 능력이 부족하면 주의 집중력을 저하시키거나 기억력을 저하시키기도 하고요. 타인과의 관계에서 문제를 유발하기도 합니다. 갈등을 증폭시키기도 하고, 학업 및 직장 생활에서의 어려움 등을 초래할 수 있는 것으로 연구 결과가 나타나고 있습니다(이지영, 2015; 조용래, 2007; Kring & Bachorowski, 1999; Eisenerg, Cumberland, Spinrad, Fabes, Shepard, Reiser, Murphy, Losoya & Guthrie, 2001; Greenberg, 2002). 그린버그(Greenberg)라는 심리학자이자 상담가인 분이 이런 이야기를 하였습니다. '심리치료자의 역할은 내담자가 정서를 잘 조절할 수 있도록 안내하는 것이다'라고요. 그리고 내담자의 정서조절 능력을 향상하는 것이 심리치료의 핵심 요소라고 주장을 하였습니다.

우리 청소년 자녀를 둔 아버지들을 위한 내용에 정서조절의 내용을 왜 넣었느냐면요. 제가 청소년 자녀들의 아버지들을 위한 학습 내용을 구성하기 위해서 실제로 아버지들은 물론이고, 청소년들, 어머니들을 대상으로 인터뷰를 해보았습니다. 그리고 아버지들을 위한 교육 내용을 만든다면 어떤 내용이 들어갔으면 좋겠는지를 물어보았습니다. 그랬더니, 많은 청소년들과 어머니들이, 아버지들이 본인 감정 조절을 잘 할 수 있었으면 좋겠다, 본인의 감정 조절을 잘못하는 것이 자녀와의 관계에 안 좋은 영향을 미치더라는 의견이 많았습니다. 아버지들이 본인의 감정 조절을 잘못하여 자녀에게 욱하고 나서 자녀와 관계가 틀어지고 나면 다시 회복이 어렵더라는 거예요. 그래서 이러한 내용을 넣게 되었습니다.

그러면 정서조절 방법과 심리적 건강과의 관계를 알아보겠습니다. 정서조절 방법을 좀 전에 앞에서 인지적인 방법, 경험적 방법, 행동적인 방법으로 분류했었는데요. 그 각각의 범주마다 이렇게 적응적인 방법과 부적응적 방법으로 나눠볼 수 있습니다.

정서조절 방법 중에 부적응적 방법에 속하는 것들은 어떤 것들이 있냐면, 부정적으로 생각하기, 다른 사람 비난하기, 다른 사람에게 부정적 감정 분출하기, 또는 폭식하기, 탐닉 활동하기, 이런 것들이 있습니다. 적응적인 방법에 속하는 것은요. 크게 세 가지 부류로 나누어지는데 지지추구적 방법, 주의분산적 방법, 접근적 방법으로 나눌 수 있습니다. 지지추구적 방법에 속하는 것은 예를 들면, 조언이나 도움 구하기, 친밀한 사람 만나기, 감정을 표현하고 공감 얻기 등이고요. 주의 분산적 방법에 속하는 것은 수동적으로 생각하기, 즐거운 상상하기, 기분 전환 활동하기, 이런 것들이 속할 수 있겠고요. 접근적 방법에 속한 것은, 능동적으로 생각하기, 문제 해결 행동하기, 인지적으로 수용하기, 감정 수용하기 등입니다.

적응적 방법

지지추구적 방법	주의분산적 방법	접근적 방법
조언·도움 구하기	수동적으로 생각하기	능동적으로 생각하기
친밀한 사람 만나기	즐거운 상상하기	문제해결 행동 취하기
감정을 표현하고 공감얻기	기분전환 활동하기	인지적으로 생각하기
		감정 수용하기

부적응적 정서조절 방법이 정신병리 수준을 가장 잘 예측하는 것으로 알려져 있습니다. 즉, 부적응적 정서조절 방법을 많이 사용하는 사람이 정신병리 수준이 높은 것으로 나타납니다.

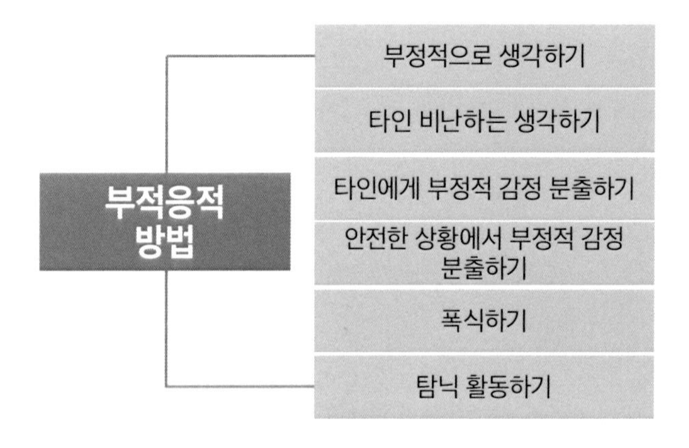

이것들 중에서 가장 능동적이고 효과적인 정서조절 방법은 능동적으로 생각하기, 문제 해결 행동 취하기입니다. 정서조절 능력에 가장 직접적으로 영향을 주는 적응적 방법은 처한 감정이나 상황에 직접 접근하여 정서를 조절하는 '접근적 방법'인 것으로 알려져 있습니다(이지영, 2015; 조용래, 2007; Kring & Bachorowski, 1999; Eisenerg, Cumberland, Spinrad, Fabes, Shepard, Reiser, Murphy, Losoya & Guthrie, 2001; Greenberg, 2002).

예를 들어서, 중학교 3학년 학생이 있는데, 갑자기 부모님이 이혼을 하셨다고 할 때 너무 슬프겠죠. 이때 그러한 슬픈 감정을 피해 가지 않고 이 감정에 접근하여 그 감성을 느끼고 이것을 적절한 방법으로 표현하고, 해소하는 것이 바로 접근적 방법입니다. 또 다른 예로 45세의 아버지가 갑자기 직장에서 구조조정에 의해서 퇴사를 당했다면 역시 직장에 대해서 배신감이 들고, 미래에 대해서 너무 불안하고, 슬프겠죠. 이런 경우에도 역시 그런 감정에 직접 접근하여 그 감정을 느껴보고, 적절한 방법으로 표현하는 방법이 바로 접근적 방법입니다.

그런데 사실상 많은 경우에 이런 일들을 당하면 처한 감정을 느끼거나 직접 접근하여 경험하기보다는 분산시켜 버리고 회피해버리거나 합니다. 궁극적인 정서조절을 위해서는 접근적 정서조절 방법을 사용해야 합니다. 주의 분산적 방법과 지지추구적 방법은 일시적인 정서조절의 방법일 뿐, 그 해당 감정을 소화시켜주지 못해서 그 감정이 지속적으로 어딘가에 남아서 계속적으로 안 좋은 영향을 미치게 됩니다.

자기 정서 알아차리기

정서조절을 위한 단계

정서조절은 다섯 단계로 이루어집니다. 첫 번째 단계는 '감정 알아차리기', 두 번째 단계는 '감정에 이름 붙이기', 세 번째 단계는 '감정을 있는 그대로 경험해 보기', 네 번째 단계는 '자신이 충족하고 싶은 욕구나 필요 찾아내기', 다섯 번째 단계는 '적절한 방법으로 전달하기'입니다(이지영, 2015; 최성애, 조벽, 2012; Serena Rust, 2006).

정서조절을 위한 단계 중 첫 번째 단계인 감정 알아차리기부터 상세히 알아보도록 할까요? 우리가 어떤 상황에서 감정을 경험할 때 그 감정적 경험은 인지적 알아차림부터 욕구 알아차림에 이르기까지 여러 요소로 구성됩니다. 첫 번째 요소인 인지적 알아차림은 "나를 무시하나 봐", "내가 뭘 잘 못 했나?", "일이 다 망쳐버리면 어떡하지?", "나는 완전 실패자인 것 같아," "아무도 날 안 좋아하나 봐." 등 감정을 느낄 때 떠오르는 '생각'을 말합니다. 어떠한 상황에서 감정을 경험할 때는 이같이 어떤 '생각'이 동반됩니다.

두 번째 요소는요. 신체적·생리적 감각 알아차림입니다. 숨이 가쁘다든지, 식은땀을 흘린다든지 어깨가 결리거나, 근육이 긴장되거나, 침이 마른다든지, 심장박동이 빨라지거나, 얼굴이 화끈거리거나, 코끝이 찡해지거나, 눈시울이 뜨거워지거나, 머리가 띵하고 지끈거리는 등 신체 감각적 요소의 부분을 말하는데요. 어떠한 상황에서 감정을 경험할 때는 이같이 반드시 신체적, 생리적 감각이 동반됩니다.

세 번째는요. 행동적 알아차림입니다. 다리 떨기, 손톱 물어뜯기, 무절제하게 TV 보기, 컴퓨터 게임하기, 목소리 커지기, 머리카락 만지기, 눈 깜빡거리기, 술 마시기 등 표현되는 행동의 부분을 말하는데요. 어떠한 상황에서 감정을 경험할 때는 이같이 어떤 행동이 동반되기도 하죠.

네 번째는 경험적 알아차림입니다. 화가 나거나, 우울하거나, 불안함 등 감정이 어떻게 느껴지고 경험되는지의 부분을 말합니다.

다섯 번째는요. 환경이나 주변 알아차림입니다. '옆에 시계가 있네.', '시계가 노란색이네.', '저기 창밖에 목련이 피었네.', '대부분의 학생들이 교수님의 강의를 귀 기울여 경청하고 있는데, 내 옆 친구는 졸고 있네.', '방 벽의 페인트 색이 연두색이네.', '밖에서 굴삭기 소리가 들리네.', '저 친구가 새 옷을 입고 왔네.', '지선이가 빨간색 블라우스를 입고 왔네.', '교수님 표정이 오늘은 심각하네.', '엄마가 오늘은 근심스러워 보이네.' 등 주변 환경에 무엇이 있는지, 그것들이 어떠한 지, 어떤 일이 벌어지고 있는지에 대한 지각의 부분을 말합니다. 어떤 상황에서 감정을 경험할 때도 주변 상황이나 환경에서 이같이 뭔 일이 벌어지고 있습니다. 그러한 주변에서 벌어지고 있는 상황이나 환경에 대한 알아차림을 말합니다.

여섯 번째는요. 욕구 알아차림인데요. 쉬고 싶다 던지 울고 싶다, 이해받고 싶다, 인정받고 싶다, 인격적으로 존중받고 싶다, 안전이 필요해 등 자신에게 채워지지 않은, 그래서 채워지길 바라는 욕구나 필요의 부분을 말합니다. 어떤 상황에서 감정을 경험할 때는 이같이 채워지지 않은, 그래서 채워지기를 바라는 필요나 욕구가 동반됩니다.

그런데 이러한 요소들은 서로 밀접하게 연관되어 있어 명확하게 각 요소별로 구분하기가 쉽지는 않습니다. 하지만 이러한 요소들을 알아차리는 것이 지금 느낀 감정이 정확히 어떤 거였는지 알아내는 데 도움이 됩니다(이지영, 2015; 최성애, 조벽, 2012; Serena Rust, 2006).

자, 그럼 우리, '감정 알아차리기' 실습을 간단하게 한번 해보실까요? 최근 한 주 동안 있었던 일 중, 부정적 감정을 경험했던 적이 있으세요? 최근 경험했던 일 중에서 부정적 감정을 경험했던 구체적인 상황을 하나 떠올려 보시기 바랍니다. 그게 어떤 일이었나요? 최대한 생생하게 떠올려 보세요. 언제 있었던 일인가요? 아, 지난 수요일 밤에요? 어제 일요일 저녁 오후에 밥 먹을 때 있었던 일인가요? 무슨 일이 벌어졌었나요? 그 상황을 묘사해보세요. 고등학교 아들이 얼마 전에 중간고사가 끝났는데 시험 성적이 안 좋았는데도 반성을 하기는커녕 네 시간씩이나 앉아서 게임만 하더라고요? 네, 그 상황을 최대한 생생하게 떠올리시고, 다시 한번 지금 재경험해 보세요. 마치 지금 현재 벌어지고 있는 것처럼 다시 경험해 보세요. 물론 불쾌한 경험이실 거예요. 어떤 신체적·생리적 변화가 느껴지시나요? 어떤 생각이 떠올랐나요? 어떤 행동의 변화가 있으신가요? 어떤 감정이 느껴지시나요? 그리고 나의 어떤 욕구나 필요가 채워지지 않는다고 여겨지세요? 생각, 신체적·생리적 변화, 행동의 변화, 욕구나 필요가 모두 알아차려지셨는지요?

두 번째 단계는 '감정에 이름 붙이기', '감정 명료화하기'입니다. 감정에 이름을 붙이는 효과는 소통하기 위함인데요. 이름을 붙이는 것 자체는 감정을 통제할 수 있다는 느낌을 주게 되고요. 해소하는 효과가 있습니다. 내가 지금 경험하고 있는 것이 무슨 감정인지, 감정의 정체를 분명히 알고 나면 좀 더 마음이 놓이고 유연해지고 여유가 생기게 됩니다. 그렇게 되면 감정에 압도되거나 지배되는 대신, 해결책이나 대처법을 좀 더 쉽게 찾을 수 있게 됩니다. 이성적으로 대처할 수 있게 되는 거죠.

앞 장에서 자녀와 소통하는 대화법에서도 말씀을 드렸는데요. 감정은 우뇌가 담당하고 이름을 붙이는 행위는 언어·논리를 관장하는 좌뇌에서 담당한다고 말씀을 드렸었습니다. 우뇌 현상을 좌뇌와 연결하여 줌으로써 감정이 이성과 만날 수 있게 해 주는 일이 바로 이 '감정에 이름 붙이기'입니다. 이렇게 되면 감정에 이성적으로 대처할 수 있는 가능성이 증가하게 됩니다. 그런데 감정에 이름 붙이기가 쉽지는 않아요. 한 상황에서 동시에 여러 종류의 감정이 복합적으로 경험될 수도 있습니다. 이때 감정의 강도를 평가하는 것도 중요합니다. 감정을 표현하는 단어는 무수히 많습니다.

이번에도 실습을 한번 해볼까요? 조금 전에 실습을 했으니까 그 상황을 다시 떠올려 보시기 바랍니다. 어떤 일이었나요? 언제였나요? 무슨 일이 벌어졌었나요? 그 상황을 묘사해보세요. 그 상황을 최대한 생생하게 떠올리시고, 다시 경험해 보세요. 어떤 감정을 느끼시나요? 그 감정의 강도는 어느 정도인가요? 감정을 정확하게 알아차리셨으면, 그러고 나서 그 감정에 이름을 붙여보세요. 뒤에 감정을 나타내는 단어들을 소개해 드릴 텐데 참고하시고요. 그중에서 찾아보셔도 좋습니다. 이 감정 단어들을 잘 숙지하셔서 자신의 감정이나 자녀의 감정을 알아내어 이름을 붙일 때 활용하면 도움이 되겠습니다.

감정에 이름 붙이기 활동이 끝났으면, 세 번째 단계인 '감정을 있는 그대로 경험'을 해보아야 합니다. 그리고 난 후, 4단계로 연결이 되는데요. 4단계는 자신이 충족하고 싶은 욕구나 필요를 찾아내는 단계입니다. 4단계에 대해 좀 더 자세히 살펴보겠습니다.

- **기쁨**: 기쁜, 즐거운, 유쾌한, 신나는, 상쾌한, 명랑한, 기분 좋은, 행복한, 명랑한, 반가운 … 등
- **흥미**: 기대되는, 흥분되는, 관심이 가는, 재미있는, 흥미로운, 마음이 뺏긴, 매료된, 매혹된, 열렬한, 열중하는, 몰입된, 푹 빠진, 넋이 빠진 … 등
- **사랑스러움**: 사랑스러운, 애정을 느끼는, 애착이 가는, 사랑이 넘치는, 마음이 끌리는, 다정한, 친근한, 따뜻한, 정겨운, 포근한 … 등
- **만족·행복**: 만족스러운, 행복한, 흐뭇한, 뿌듯한, 든든한, 흡족한, 충만한, 충족된 … 등
- **고양·흥분**: 들뜬, 날아갈 듯한, 가슴이 벅찬, 신이 나는, 두근거리는, 기대되는, 고양된, 기분이 좋은, 기운 넘치는, 생기가 넘치는, 황홀한, 가슴이 터질 것 같은, 우쭐한, 통쾌한, 흥분되는, 짜릿한, 상쾌한, 산뜻한 … 등
- **감동**: 짠한, 감격스러운, 감동적인, 가슴 뭉클한, 벅찬, 환희에 찬, 신기한, 경이로운 … 등
- **희망**: 기대되는, 희망적인, 가슴 벅찬, 낙관적인 … 등
- **자신감**: 뿌듯한, 자랑스러운, 당당한, 자신만만한, 의기양양한, 확신하는, 힘이 솟는, 원기 왕성한, 자부심 느끼는, 긍지를 느끼는 … 등
- **감사**: 고마운, 감사한, 행복한 … 등

긍정적 감정 단어들

- **슬픔**: 절망감, 상심함, 무기력한, 실망한, 서글픈, 우울한, 불행한, 비통한, 미안한, 후회스러운 … 등
- **불안·공포**: 무서운, 긴장된, 안절부절못하는, 초조한, 두려운, 걱정되는, 혼란스러운, 숨이 막힐 것 같은, 조바심 나는, 조마조마한, 떨리는, 겁이 나는, 진땀 나는, 오싹한, 섬뜩한 … 등
- **우울**: 무력한, 무기력한, 침울한, 꿀꿀한, 어두운, 기분이 처지는, 울적한, 의기소침한 … 등
- **고통스러움**: 고통스러운, 괴로운, 비참한, 속상한, 한스러운, 참담한 … 등
- **분노·화**: 화나는, 울화가 치미는, 열 받는, 뚜껑이 열리는, 끓어오르는, 격앙된, 격분한, 짜증나는, 분개한 … 등
- **수치심·죄책감**: 죄스러운, 미안한, 창피한, 수치스러운, 부끄러운 … 등
- **혐오**: 증오스러운, 싫은, 구역질 나는, 역겨운, 밥맛 없는, 질린, 정 떨어지는, 피하고 싶은 … 등
- **경멸**: 무례한, 거부적인, 씁쓸한, 비판적인 … 등
- **놀람**: 깜짝 놀란, 경악하는, 기막힌, 아연실색하는, 충격적인, 쇼킹한, 황당한, 할 말을 잃은 … 등
- **걱정·고민스러움**: 고민되는, 난감한, 심란한, 마음이 복잡한, 근심되는, 뒤숭숭한, 암담한, 염려되는, 까마득한, 신경이 예민해진, 신경 쓰이는, 수심에 찬 … 등
- **당황**: 당혹스러운, 난감한, 곤혹스러운, 멋쩍은, 민망한 … 등
- **불만족·서운함**: 못마땅한, 거슬리는, 야속한, 섭섭한, 서운한, 불만족스러운, 기분 상한, 낙담한, 속이 뒤집어지는, 고까운, 아니꼬운, 망연자실한 … 등
- **외로움**: 고독한, 외로운, 허전한, 쓸쓸한, 허한, 적적한 … 등

부정적 감정 단어들

- 무시당한, 이용당하는, 조종당하는, 착취당하는, 인정받지 못하는
- 강요당한, 배신당한, 버림받은, 오해 받는, 공격 당한, 거절당한, 궁지에 몰린, 따 당한, 의심받는, 학대 받는, 협박당하는

느낌, 감정과 혼돈하기 쉬운 느낌, 감정 단어가 아닌 것들

네 번째 단계인 '자신이 충족하고 싶은 욕구나 필요 찾아내기' 단계에서는 감정·느낌이 나의 어떤 욕구나 필요에서 나오는 것인지 알아내어야 합니다. 다시 말해서, 지금 내가 느끼는 감정·느낌을 나의 욕구나 필요에 대해 알려주는 신호로 여기는 것입니다. 욕구는 크게 생존 욕구, 신체적·생리적 욕구, 사회적·정서적·상호의존, 즉 애정과 소속의 욕구, 놀이·흥미 추구의 욕구, 자율성의 욕구, 삶의 의미 욕구, 아름다움·평화 추구의 욕구, 자아실현·힘과 성취의 욕구들이 있습니다. 각 욕구에 어떤 세부 욕구들이 있는지 확인해 보신 후 계속해서 진행하시기를 바랍니다. 앞에서 확인한 욕구들에서 여러분 자신이 충족하고 싶은 욕구나 필요를 찾아내었다면, 마지막으로 적절한 방법으로 전달하시면 됩니다.

정서 표현하기

효과적으로 전달하는 방법

자신이 충족하고 싶은 욕구나 필요를 알아내었으면 이제는 이것을 효과적으로 전달하여야 합니다. 이때 '나-전달법'을 사용하는 것이 좋습니다. 화를 내는 것과 화가 났음을 전달하는 것은 별개입니다. "내가 이러이러해서 화가 났다."라고 전달할 때 상대방에게 화를 내지 않고도 자신의 감정 상태를 전달할 수 있습니다. 반응을 유발한 상황을 본 대로 들은 대로 평가 없이 서술하는 겁니다. 확인할 수 있는 사실만을 관찰한 대로 중립적으로 서술하셔야 합니다.

위의 관찰된 상황을 지금 느끼는 느낌과 결합시킵니다. '~하자 ~했다' 또는 '~했을 때 ~했다'와 같이 시간적 연관성만을 표현하셔야 합니다. '~때문에 ~했다'라는 식으로 표현하는 것은 앞에 장에서도 한 번 설명한 바가 있는데, 인과적 연관성을 표현하는 겁니다. 이렇게 되면 상대방을 탓하는 것이 되어 버려서 상대방이 방어적이 됩니다.

예를 들면, "지난번에 내가 전화했는데 내 말이 다 끝나기도 전에 네가 전화를 끊었을 때, 섭섭했어." 이렇게 표현하셔야 됩니다. "내

말이 다 끝나기도 전에 전화를 끊었기 때문에 섭섭했어." 이렇게 되면 상대방이 "어, 내 탓을 하네. 나 때문에 섭섭했다는 얘기잖아." 하면서 탓하는 것으로 듣게 되고 이렇게 되면 방어적이 됩니다.

또 다른 예를 하나 더 들어보겠습니다. "내 부모님이 하는 행동이 세련되지 못하여 창피하다며 나한테, '당신 부모님 너무 촌스러워.'라고 말했을 때, 너무 서운하고 자존심이 상했어." 이런 식으로 표현하는 겁니다. '~했기 때문에'가 아닌, '~했을 때'로 표현하여야 한다는 의미입니다.

다음은 상대방이 해 주길 바라는 바를 요청하거나 부탁을 하여 표현하셔야 합니다. 상대방이 나의 이러한 개인적인 욕구나 필요를 지금 바로 실현한다면 나는 무엇을 원하는지, 가능한 구체적인 행동을 부탁하셔야 됩니다. '너는 ~해 줄 수 있어?' 이런 식으로 표현하셔야 됩니다.

이때 막연하고 추상적이며 모호한 말 대신, 실현 가능한 구체적인 행동을 부탁하셔야 됩니다. 예를 들면 아내가 남편한테 뭔가를 부탁하는데요. "육아에 협조해 줬으면 좋겠어." 이것도 부탁이거든요. 그런데 '육아에 협조' 이렇게 말하면 남편이 들을 때 '육아에 협조? 나는 지금까지 협조를 했는데. 내가 안 해줬다는 말인가? 도대체 뭘 더 해달라는 말이지?' 네, 이렇게 생각을 하게 됩니다. 굉장히 추상적이고 모호한 표현입니다.

그래서 실현 가능한 구체적인 행동을 이렇게 부탁하면 훨씬 좋습니다. "아이 기저귀 좀 갈아줄 수 있겠어? 부탁해." 이런 식으로 표현하는 것이 좋습니다. 또 다른 예를 하나 들어보겠습니다. "좀 더 자상하고 가정적이 되었으면 좋겠어." 이것도 굉장히 모호한 표현입니다. 굉장히 막연하고 추상적입니다. 아내가 이렇게 부탁을 했을 때 남편은 '어, 그러면 나는 자상하지 않았다는 말인가? 가정적이 되라는 건 도대체 뭘 요구하는 거지? 어떻게 하라는 것인지 도저히 모르겠어.' 이렇게 생각할 수가 있습니다.

그래서 이렇게 표현하는 것이 더 좋습니다. "음식물 쓰레기 좀 버려줄 수 있겠어? 부탁해."라든지, "매주 수, 금요일마다 큰 애 학원 끝나는 시간에 데려오는 것을 해 줄 수 있겠어? 부탁해."라든지, "이번 7월 말 여름휴가 때 부산으로 휴가 가고 싶은데, 장소 예약과 차편 예약해 줄 수 있겠어? 부탁해. 나머지 다른 것들은 내가 다 할게." 이런 식으로 부탁하는 것입니다.

그리고 또 하나 중요한 것은요. 어떤 행동을 하지 말라는 부정적인 부탁 대신 어떤 행동을 해달라는 긍정적인 부탁을 하셔야 합니다. 예를 들어서 "매주 주말마다 골프 치러 가지 '말았음' 좋겠어." 이것도 부탁이거든요. 아내가 이렇게 부탁을 했는데 남편이 그래서 그 주 주말에 골프를 치러 가지 않았어요. 그런데 아내는 화가 났어요. '골프 치러 가지 말랬는데, 왜 그렇게 뒹굴면서 TV를 하루 종일 보고 있는 거지?'라는 생각이 들었어요. 그래서 화를 냈어요. 남편이 어리둥절했어요. '지난주에 부인이 골프 치러 가지 말래서 내가 골프 치러 안 갔는데 그래서 나는 배려를 한 것인데, 대체 뭘 더 원하는 걸까?' 남편은 아내가 바라는 게 뭔지 구체적으로 알지를 못했어요. 이럴 땐 이렇게 부탁을 하셔야 합니다. 정말 바라는 게 뭔지, 바라는 구체적인 행동을 부탁하셔야 되는데요. "주말마다 아이랑 노는 시간을 가져줄 수 있겠어? 부탁해." 이런 식으로 부탁을 하셔야 됩니다.

정서조절 훈련

정서를 효과적으로 조절하는 방법

다음은 정서를 효과적으로 조절하는 방법에 대해서 좀 더 알아보도록 하겠습니다. 감정을 알아차릴 때 나의 감정이 격앙되어 있는지를 살펴보셔야 합니다. 만일에 감정이 격앙되지 않았다면 접근적 인지적인 방법을 사용하시면 됩니다. 그런데 나의 감정이 격앙돼 있다면 다음 한 가지 질문을 스스로에게 더 해볼 수 있습니다. 지금 이 상황은 이 감정에 접근해서 직접 다룰 수 있는 상황인가 하는 것을 한 번 더 헤아려 보셔야 합니다. 만일 아니라면 주의 분산적 방법을 사용해서 임시적으로 다루셔야 하고요. 만일 접근해서 다룰 수 있는 상황이라면 접근적 경험적 방법을 사용하여 지금 다루시면 좋습니다.

격앙된 정서를 다룰 수 없는 상황일 때는 주의 분산적 방법을 사용해서 임시적으로 격앙된 정서를 가라앉히는 게 필요합니다(이지영, 2015; 최성애, 조벽, 2012; Serena Rust, 2006). 격앙된 정서를 다룰 수 없는 상황이 어떤 경우인가 하면요. 예를 들면 직장에서 상사가 많은 사람들이 보는 앞에서 인격적으로 모욕감을 주는 말과 행동을 하면서 내가 해온 업무를 심하게 책망하거나 폄하했을 때 나는 감정적으로 매우 격해질 수 있습니다. 하지만 주변에 사람들도 있고 지금은 업무 중이라 그런 격앙된 감정을 직접적으로 다룰만한 적절한 상황이 아닐 것입니다. 또는 고등학교 2학년 학생이 학교에서 수학 시험을 보는 중인데 너무 어려운 문제가 나와서 갑자기 당황스러워지면서 멘붕이 왔을 때에도 시간이 촉박하기도 하고요. 주변에 다른 사람들도 있기 때문에 감정을 다루기에 적절한 상황이라고 볼 수 없습니다. 이렇게 현재 처한 상황이 격앙된 감정을 다룰 만한 상황이 아니라면, 일단 주의 분산적 방법을 통해 임시적으로 격앙된 감정을 잠시 벗어날 수 있도록 하여 완화시키는 게 필요합니다.

하지만 주의 분산적 방법은 부정적 정서를 임시로 회피하는 효과가 있을 뿐 그 부정적 정서 자체를 처리하지는 못하므로 그 효과는 일시적일 뿐, 장기적으로는 건강하지 못한 결과를 유발할 수 있습니다. 나중에 적기에 이 처리되지 않은 감정을 다시 꺼내어 다루어주는 것이 좋습니다. 이럴 때 임시적으로 사용할 수 있는 주의 분산적 방법으로는 인지적 주의 분산적 방법, 행동적인 주의 분산적 방법, 생리적인 주의 분산적 방법이 있습니다. 인지적인 주의 분산적 방법에 속하는 것으로는 인지적으로 회피하는 방법이 있습니다. 머릿속으로 '생각하지 마.' 이런 생각을 계속하는 것입니다. 그러면서 이런 식으로 회피하는 방법이 있고요. 다음은 중요성을 낮추는 방법입니다. '별것 아니야.' 이런 식으로 생각하면서 중요성을 낮추는 것이고요. 또 다른 방법은 다른 데로 주의를 돌리는 방법입니다. '다른 생각을 하자.' 하면서 다른 데로 주의를 돌리는 방법입니다. 또 다른 방법은 즐거운 일을 생각하는 방법도 있고요. 또 위안이 되는 말을 되뇌는 방법도 있습니다. 다음 두 번째는요. 행동적인 주의 분산적 방법인데요. 상황을 피하는 방법, 유쾌하거나 기분 좋은 활동을 하는 방법, 이를테면 운동하기, 아이스크림 사 먹기, 좋아하는 공연 가기, 신나는 음악을 들으며 춤추기 등이 여기에 속할 수 있겠고요. 즐거운 장소에 가기, 중성적인 활동에 몰입하기, 이를테면 설거지하기, 음악 듣기 등 이런 것들이 중성적인 활동에 속합니다. 다음 세 번째는요. 생리적인 주의 분산적 방법인데요. 호흡 훈련, 긴장 이완훈련 등이 여기에 속하는데요. 호흡 훈련, 긴장 이완훈련 이런 것들을 잘 배워서 필요할 때 적절하게 활용하시면 큰 도움이 될 거라 생각합니다.

생리적인 주의 분산적 방법에 속하는 호흡 훈련을 소개하겠습니다. 호흡 훈련은 미국의 하트매쓰 연구소에서 20년간 연구한 방법으로, 3단계로 이루어집니다. 첫 번째 단계는 '천천히 깊게 호흡하기'입니다. 감정이 격앙된 상태에서 잠시 멈추고 천천히 깊게 호흡하고, 천천히 '하나, 둘, 셋, 넷, 다섯'을 세면서 5초 동안 숨을 들이쉬고, 다시 5초 동안 숨을 내쉽니다. 이렇게 세 번 정도 반복합니다. 이때 심장으로 깨끗한 산소가 들어왔다가 나가는 것을 상상하면서 호흡하도록 합니다. 두 번째 단계는 '격앙된 상태를 유발하는 생각과 감정에서 멀어지는 상상하기'입니다. 호흡을 계속해서 같은 속도로 하면서 스트레스를 유발하는 생각이나 감정으로부터 뒤로 세 걸음 정도 물러서는 상상을 하며 천천히 호흡을 계속하는 것입니다. 세 번째 단계는 '계속해서 호흡하기'입니다. 부정적인 감정이 천천히 중화될 때까지 계속해서 심장 호흡에 집중하는 것입니다. 이런 호흡 훈련 방법을 통해 감정이 중립 상태로 간다는 것이 과학적으로 입증되었습니다(이지영, 2015; 최성애, 조벽, 2012; Serena Rust, 2006).

간단한 자기 진정법도 소개를 해드리겠습니다. 이 방법은 최성애 박사와 조벽 박사가 제안하는 방법입니다(최성애, 조벽, 2012). 두 단계로 이루어지는데요. 첫 번째 단계는 '천천히 심장 호흡하기'입니다. 심장에 집중해서 천천히 호흡하는 것입니다. 두 번째 단계는 '고마움 느끼기'입니다. 사람들은 고마움을 느낄 때 심장이 가장 안정적으로 뛰는 것으로 밝혀졌습니다. 이때, 고마움에 대해 '생각'하는 게 아니라, '느끼는' 것이 중요합니다.

격앙된 정서를 다룰 수 있는 상황일 때는 문제가 되는 그 감정에 직접적으로 다시 한번 접근하여 재경험하면서 그 감정을 소화하여 처리하는 것이 좋습니다. 이것을 '접근적 경험적 방법'이라고 합니다. 해소되지 않은 미해결 감정은 어딘가에 남아서 해소되기를 요구하며 다각적 방식으로 신호를 보냅니다. 주의집중 장애, 지각이나 판단이 왜곡되거나, 본인도 이해할 수 없는 돌발행동을 한다든지, 신체 증상 등 이와 같은 여러 가지 증상들을 보이면서 우리가 무언가에 집중하는 것을 방해합니다. 접근적 경험적 방법을 통해서 이 같은 미해결 감정을 처리해야만 이 같은 방해 신호가 사라지게 됩니다.

접근적 경험적 방법을 사용하는 네 단계가 있는데요. 첫 번째 단계는 감정에 이름을 붙이는 단계입니다. 그리고 두 번째 단계는 이 감정을 느끼고 표현하는 단계입니다. 이때 일차적 정서를 다루는 게 필요합니다. 우리가 어떤 정서를 경험할 때는 여러 가지 정서가 복합적으로 경험되는데요. 일차적 정서라는 것은 정서의 여러 층 중에서 그 문제 상황에서 가장 일차적으로 발생한 직접적인 정서를 말합니다. 그리고 이러한 정서를 말로 소리 내어 표현하시는 게 좋습니다. 소리 내어 밖으로 표현할 때 비로소 해소되게 됩니다. 글로 쓰는 것도 좋은 대안입니다. 이때 방석이나 의자 사용하기가 도움이 되는데요. 빈 방석이나, 빈 의자를 옆에 두고 나의 격한 감정을 그 방석이나 의자에, 내가 분노 감정을 느꼈던 그 사람이 앉아 있다고 상상하시고, 혼자 그 방석이나 의자에 대고 표현을 하시는 것입니다. 나의 감정을 여기에 대고 표현하는 것이죠(이지영, 2015; 최성애, 조벽, 2012; Serena Rust, 2006).

세 번째 단계는 감정과 만나는 단계입니다. 복받쳐 올라오는 감정을 그대로 느끼고 손상되지 않는 물건이나 안전한 대상을 찾아 표현하는 것입니다. 이를테면 샌드백을 한 대 친다든지, 쿠션이나 베개에 대고 내가 분노를 느꼈던 그 대상이라고 생각을 하고 주먹으로 치는 방법도 있습니다. 이런 식으로 감정과 만나고 안전한 대상을 찾아서 표현하는 것입니다. 네 번째 단계는 감정을 수용하는 단계입니다. 불편하고 받아들이기 어려웠던 감정을 그대로 받아들이는 단계입니다.

쉬어가기

<u>**험한 욕설을 입에 담는 아이, 어떻게 해야 할까요?**</u>

일상 언어가 된 인터넷 용어, **은어와 비어**, 어떤 문제가 있을까요? 인터넷 공간의 익명성과 또래들끼리의 동질감으로 인해 은어, 비어의 사용이 실생활에서도 일상적으로 사용하게 되면서 욕의 사용에 대한 죄책감도, 수치심도, 미안함도, 기분 나쁜 감정도 없는 무감각 상태에 빠져버린다는 것입니다. 가장 큰 문제는 비속어 사용 시, 감정 상태에 대해 '별 느낌이 없다'고 느끼는 아이들이 대다수라는 건데요. 요즘 청소년들은 공부를 잘하건 못하건, 행실이 바르건 불량하건 간에 욕이 일상생활이 되어버렸습니다. 그 원인은 아이들의 불안감과 스트레스입니다. 입시지옥이라 불리는 교육 환경, 약육강식의 경쟁 체계 속에서 겪는 심리적 불안감과 스트레스가 부분적으로는 원인일 수 있습니다.

이런 경우, 구체적이고 지속적으로 곁에서 지도해줄 필요가 있습니다. 즉, 아이들이 있는 공간에서 욕설 사용하는 것을 금지하는 것입니다. 자녀가 욕설을 심하게 하는 것을 발견하면 당황스럽고, 어떻게 반응해야 할지 상당히 어려울 것입니다. 그래서 몇 가지 팁을 준비했습니다.

부정적인 언어는 불안감과 공격성을 담당하는 대뇌변연계를 자극하는데, 이때 심장박동이 빨라지고 감정적으로 흥분하게 되어 이성적인 사고가 어려워집니다. 욕설을 들으면 감정이 욱하고 치밀어 오르는 이유가 바로 이 때문이죠. 욕을 하면 할수록 성격이 거칠고 충동적으로 변하며 정서가 불안해져 더 많은 욕을 하게 되니, 아이들에게 이러한 악순환에 대해 차분히 설명해 줍니다. 부모가 곁에서 꾸준한 관심과 사랑으로 보듬어 주고, 아이의 감정을 이해하고 다가가려는 노력을 하는 것이 거친 말을 줄일 수 있는 중요한 출발점입니다.

[출처: 대한민국 여성가족부 블로그 '가족사랑'
http://blog.naver.com/mogefkorea/220942923900
"청소년기 자녀가 있는 아버지 양육가이드북"-<함께 행복한 아빠되기>]

오늘의 점검

앞서 이 장의 내용을 통해 우리는 다양한 정서를 경험하고, 그 정서를 잘 조절해야 하는 이유와 방법을 알았습니다. 이 장에서 읽은 내용을 바탕으로 정서를 잘 조절하기 위한 방법을 떠올려 볼까요?

Q. 살아가다 보면 부정적 정서, 긍정적 정서 등 다양한 정서를 마주합니다. 부정적 정서를 마주할 때, 어떻게 정서를 조절하면 좋을지 여러분들만의 정서조절 방법을 적어보세요.

1. 내가 선택한 정서조절 방법

정서조절 방법 중 적응적 방법:

____

내가 경험한 정서와 적용하고자 하는 정서조절 방법:

____

2. 자기 정서 알아차리기

"정서조절을 위한 방법"의 5단계:

____

자신의 현재 감정을 찾아, 감정 이름 붙이기:

____

참고문헌

마셜 B. 로젠버그 (2004). **비폭력대화**. 서울: 바오출판사.

세레나 루스트 (2008). **마음을 나누는 비폭력대화: 기린과 자칼이 춤출 때**. 서울: 비전과 리더십.

이윤정 (2010). **아이는 사춘기 엄마는 성장기**. 서울: 한겨레 에듀.

이지영 (2015). **정서조절 코칭북**. 서울: 시그마프레스.

정진선, 문미란 (2008). **인간관계의 심리: 이론과 실제**. 서울 : 시그마프레스.

조용래, (2007). 정서조절곤란의 평가 : 한국판 척도의 심리측정적 속성. **한국심리학회지** : 임상, 26(4), 1015-1038.

최성애, 조벽 (2012). **청소년 감정코칭**. 서울: 해냄.

Bar-on R. & Parker, J. D. A.(Eds) (2000). **The Handbook of Emotional Intelligence: Theory, Development, Assessment, and Application at Home, School and in the Workplace**. Jossey-Bass. A Wiley Company.

Eisenberg, N., Cumberland, A., Spinrad, T. L., Fabes, R. A., Shepard, S. A., Reiser, M., Murphy, B. C., Losoya, S. H., & Guthrie, I. K. (2001). The relations of regulation and emotionality to children's externalizing and internalizing prolblem behavior. **Child Development, 72**, 1112-1134.

Glasser, W. (1988). **Choice theory in the classroom**. New York, NY: Harper Collins.

Goleman, D. (1995). **Emotional Intelligence**. NY: Bantam Books. 황태호 역(1996). 감성지능. 서울: 비전코리아.

Greenberg, L. S. (2002). **Emotion-focused therapy. Coaching clients to work through their feelings**. Washington, DC : American Psychological Association.

Kring, A. M., & Bachorowski, J. (1999). Emotions and psychopathology. **Cognition and Emotion, 13**(5), 575-599.

Maslow, A. H. (1970a). **Motivation and personality**. New York: Harper & Row.

Matthews, G., Zeidner, M., & Roberts, R. D.(2002). Emotional Intelligence: Science and Myth. Massachusetts: MIT Press. 문용린 외 역(2010). **정서지능: 그 오해와 진실**. 서울: 학지사.

Rosenberg, Marshall B. (2003). **Nonviolent Communication: A Language of Life**. Encinitas, CA : Puddle Dancer Press.

Serena Rust (2006). Wenn die Giraffe mit dem Wolf tanzt: Vier Schritte zu einer einfühlsamen Kommunikation. Koha-Verlag GmbH. 이영주 역(2007). **기린이 자칼과 함께 춤출 때**. 서울: 한국NVC센터.

10장

아버지의 행복감 높이기

오늘의 이야기

남자 나이 마흔, 중년의 위기와 함께 옵니다. 제2의 사춘기, 10대와 비슷한 면이 있죠. 첫째, 신체적 변화, 둘째, 심리적 문제, 셋째, 사회적 관계 측면의 변화에서 바로 그렇습니다.

청소년이 폭발적 공격성, 충동성을 안고 늘 불만족스러운 상태에 머무는 것과 마찬가지로 중년 남자도 자신감과 무력감 사이를 오가죠. 청소년의 교우관계가 격동적이고 불안정하다면, 중년 남자의 대인관계도 그동안 경험한 인간관계에 대한 실망감 때문에 마음의 문이 닫혀 있거나 더 이상 타인을 위해 허비할 시간이 없다고 느끼며 관계로부터 철수하려고 합니다.

청소년이든 중년이든 위기가 찾아오는 이유는 변화하는 과정에 있다는 뜻입니다. 그 시기를 어떻게 넘기느냐에 따라 다음 단계가 달라집니다. 아버지도 스스로 행복해지는 방법을 찾아야 합니다. 아버지가 행복해져야 자녀가 행복해지니까요.

행복의 심리학

행복은 과연 계속적으로 증가시킬 수 있는 것일까요? 또한, 어떻게 하면 좀 더 커다란 행복을 촉진할 수 있을까요? 아마도 모든 사람들의 관심사일 것 같습니다. 그 답을 찾아볼까요?

만성적 행복 수준

류보머스키(Lyubomirsky) 등의 연구 결과에 의하면, 한 개인의 만성적 행복 수준은 크게 세 가지 요소에 의해 결정된다고 하는데요. 첫째, 유전적으로 이미 결정된 '행복-설정점'이 한 개인의 행복 수준의 50%를 결정한다 하고요. 둘째, 삶의 환경이 10%, 셋째, 의도적 활동이나 노력에 의한 행동들이 40%를 결정한다고 합니다(윤성민, 2011; Lyubomirsky, Sheldon, & Schkade, 2005).

행복한 사람 vs. 불행한 사람

행복한 사람과 불행한 사람의 심리적 특성을 비교해볼까요? 먼저 행복한 사람은 세상을 좀 더 긍정적이고 행복을 촉진하는 방식으로 바라보는 경향이 있고, 자신과 타인을 긍정적으로 평가하는 경향이 있습니다. 또한 사회생활을 하다 보면, 키라든지 경제력, 운동능력 등 다른 사람들과 비교당하는 상황이 있는데 이러한 사회적 비교 상황에서 자신의 수행에 대해 하는 타인들의 피드백에 덜 민감한 특징을 가지고 있죠. 그뿐만 아니라, 정서 및 자기-평가에 있어 타인들의 비교에 의해 영향을 덜 받고 덜 취약합니다. 결정을 내려야 하는 상황에서 '더 좋은 선택이 있지 않았을까?' 하며 미련을 갖거나 '더 잘해야 해.' 하면서 끊임없이 뭔가 더, 더 하면서 자신을 몰아붙이기보다는 이대로 충분히 좋은 선택에 대해 쉽게 만족하기도 하죠. 불행한 사람들에 비해 자기 자신에 대해 과도하게 빠져 생각하거나, 숙고하는 경향이 덜 합니다. 덧붙여, 삶의 사건들을 처리하는 전략이 긍정적 정서를 좀 더 오래 지속시키고 보존할 수 있게 도와주는 전략들을 주로 사용하죠.

반면, 불행한 사람은 실패한 상황에서 다른 집단들은 어떻게 되었는지, 남들은 어떤 결과를 얻었는지 등 집단적 정보나 개인적 정보에 민감하여 자꾸 남들과 비교를 하고, 적당한 수준에서 만족하기보다는 절대적인 최상의 선택을 얻으려고 최선을 다해 분투하는 경향을 보입니다. 이러한 경향성은 점점 더 강화됩니다. 이러한 경향성은 긍정적 사건들과 연합되어 있는 긍정적인 정서를 약화시키고 부정적인 사건들과 연합되어 있는 부정적 정서를 높이는 결과로 이어집니다 (윤성민, 2011; Lyubomirsky, Sheldon, & Schkade, 2005).

그렇다면, 선천적으로 덜 행복한 성향의 사람들이 좀 더 행복해지기 위해서 의도적인 전략을 세우는 게 가능할까? 하는 질문입니다. 이 책을 읽고 계신 아버지 본인은 선천적으로 행복한 성향의 사람인 것 같습니까, 아니면 덜 행복한 성향의 사람인 것 같습니까? 저는 제가 개인적으로 생각해 볼 때, 선천적으로 덜 행복한 성향의 사람인 것 같습니다. 그래서 행복해지기 위한 노력이 많이 필요합니다.

장애물

그런데, 선천적으로 덜 행복한 성향의 사람들이 행복해지는 것을 방해하는 '장애물'이 존재합니다. 바로, 유전, 쾌락적 적응, 성격, 이 세 가지인데요(Boehm & Lyubomirsky, 2009). 유전은 앞에서도 말씀드렸듯이 한 개인의 만성적인 행복 수준은 유전적으로 이미 결정된 '행복-설정점'에 의해서 결정되는 부분이 크다고 말씀드렸습니다. 따라서 아무것도 안 하고 가만 놔두면 매우 명백하게 자신의 원래의 행복 기저선 수준으로 신속히 돌아가는 경향이 큽니다. 그래서 유전적 요인이 하나의 장애물입니다. 다른 하나는, 쾌락적 적응인데요. 사람들은 자신의 환경적 변화에 쉽게 적응을 합니다. 동일한 수준의 행복감을 얻으려면 이전보다 더 높은 강도의 환경적 변화를 원하거나 수시로 새로운 환경적 변화를 원하게 된다는 것입니다. 이러한 쾌락적 적응 현상도 역시 선천적으로 덜 행복한 사람들이 행복해지는 것을 방해하는 장애물의 하나로 작용합니다. 세 번째는 성격의 안정성입니다. 성격은 상대적으로 고정적이어서 시간이 흘러도 잘 변화하지를 않습니다. 따라서 성격도 역시 선천적으로 덜 행복한 사람들이 행복해지는 것을 방해하는 장애물의 하나입니다.

지속 가능한 행복 모델

선천적으로 덜 행복한 성향의 사람들이 좀 더 행복해지기 위해 의도적인 전략을 세우고 노력하여 행복 수준을 높이는 것이 가능할까? "지속 가능한 행복 모델"에서는 다양한 종류의 의도적이고 노력이 들어가는 활동들을 자발적으로 의지와 결단을 갖고 연습하거나 실행함으로써 덜 행복한 성향의 사람들은 좀 더 행복해지기 위해 성공적으로 노력할 수 있다고 제안을 합니다(Lyubomirsky, Sheldon, & Schkade, 2005).

한 개인의 만성적인 행복 수준을 결정하는 3요소를 앞에서 알려드렸는데요. 그중 첫 번째가 '행복-설정점'이었죠? 행복-설정점이 한 개인의 행복 수준을 결정하는데 약 50%의 분량을 설명합니다. 그런데, 이 행복-설정점은 변화가 불가능하다는 것입니다. 두 번째 요소인 '삶의 환경'이 설명하는 부분은 약 10% 정도에 해당합니다. 그리 크지는 않죠? 그런데, 삶의 환경이라는 부분은 변화가 쉽지는 않습니다. 물론 변화가 불가능한 것은 아니지만, 변화가 쉽지는 않고요.

사람들은 환경적 변화에 쉽게 적응되므로 한 가지 환경에 익숙해지게 되면 행복에 미치는 영향이 적어지게 됩니다. 자, 그러면 100중에서 나머지 40%가 남죠? 세 번째 요소인, 의도적 활동이나 노력에 의한 행동들이 이 나머지 40%를 결정한다고 합니다. 행복 수준 변화에 가장 유력한 요인이라는 거죠. 왜냐면 의도적 활동이나 노력에 의한 행동들은 쉽게 변화가 가능하고요. 자발적인 의도에 따라 시작점과 마치는 시점을 조절할 수 있고요. 활동의 길이·빈도·실시 시간·실시 대상·실시 방법의 세부적인 요령들을 조절하거나 변경하는 것이 가능하기 때문에 그렇습니다. 이렇게 계속적으로 변화하는 대상에 대해서는 적응되기가 어려운 거죠. 그렇다면, 좀 더 행복해지기 위해 자발적, 의도적으로 노력할 수 있는 활동들에는 어떤 것들이 있을까요?

행복 증진을 위한 활동들

"행복 증진을 위한 활동들"을 나열해 보면 다음과 같습니다. 감사한 것들 헤아려 보기, 감사 편지 쓰기 및 전달하기, 축복 헤아리기, 자신의 이상적인 미래의 삶을 상상하기, 친절 행동 수행하기, 용서하기, 희망 갖기, 자신의 성격적 강점을 숙고하고 활용하기, 즐거운 경험들 향유 및 음미하기, 이대로 만족하기, 욕구를 만족시켜주는 목표를 추구하기, 명상하기, 적극적-건설적으로 반응하기, 친밀한 사람의 성격적 강점을 파악하여 알려주고 함께 강점을 활용할 수 있는

데이트하기 등입니다(윤성민, 2011). 각 활동들 중, 본인에게 맞는 것, 해볼 수 있는 것을 선택하여 행복을 증진시켜 볼 수 있도록 합시다.

중년기 남성의 특징

중년기 남성의 특징들에 대해서 알아보도록 하겠습니다. 이 책을 읽으시는 분들은 사춘기, 청소년기 자녀를 두신 아버지들이기 때문에 아마도 대략적인 연령대가 40대 초~50대 초중반이실 거라 생각이 듭니다. 따라서 아마도 중년기에 해당되는 분들이실 겁니다. 중년기는요. 40세 이상 ~ 60세 미만까지 약 20년 정도를 중년기라고 합니다. 중년기의 특징들에 대해서 알아보겠습니다(김수한, 2010; 우선혜, 2016).

첫 번째는 자신의 감정과 충동을 조절해서 자신의 자원으로 환경을 통제할 수 있는 능력이 증가하게 되고요. 두 번째는, 심리적 또는 사회적 과도기라고 불리는데, 자신의 역할에 대해 회의를 느끼게 되고요. 다가오는 삶이 도약인지, 쇠퇴인지 경험하는 심리적 갈등의 시기이기도 합니다. 사춘기 때의 심리적·정서적 혼란과 불안감을 다시 경험하게 되기도 합니다. 세 번째는 호르몬의 변화 또는 노화로 인한 신체적인 변화를 겪게 됩니다. 그리고 네 번째는 실직·은퇴·노후에 대한 불안, 죽음에 대한 두려움, 이런 것들을 경험하게 되고, 따라서 활력을 상실하고, 인간의 한계성을 경험하게 됩니다.

다섯 번째는 사회경제적 지위나 대인관계는 절정에 달했지만, 동시에 하강과 은퇴를 가져오는 시기입니다. 여섯 번째는 가족관계에 있어서도 자녀의 독립에 따른 가족의 재구조화를 경험하게 되고요. 남성과 여성에 대한 역할의 변화와 새로운 의미부여, 노부모와 성인 자녀에 대한 이중 부양 부담을 경험하게 됩니다. 일곱 번째는 급작스러운 생리, 심리, 사회적 변화와 함께, 자신에게 부여된 가족 및 사회적 책임감에 큰 부담감을 느끼고, 심리적으로 쇠잔하게 되고요. 완고해지게 되고, 상실감, 우울, 불만 등 심리적 갈등과 방황을 경험하게 되기도 합니다.

중년기 남성의 심리적 위기감

중년의 위기라는 말 자주 들어보셨죠? 중년의 위기는 인생의 중반에 이르렀을 때 자신의 인생의 목표와 우선순위, 목표 성취 정도를 재평가하는 과정에서 수반되는 성격 내에서의 급진적인 변화 현상을 묘사하는 용어입니다. (김수한, 2010; 우선혜, 2016)

다양한 견해들

중년의 위기에 관한 다양한 견해들이 있는데요. 살펴볼까요? 중년의 위기를 모두가 경험하는 것은 아니라고 합니다. 지금까지 외부에 쏠리던 관심이 주관적 내면의 세계로 쏠리고, 흥미는 육체적, 물질적인 데서 종교적, 철학적, 직관적인 측면으로 흐르게 되죠. 억압되었거나 소홀히 되었던 자아의 부분들을 인식하고 수용해가는 개별화 과정을 통해 성격적 성숙을 이루게 되는 것입니다. 혼돈과 갈등을 통하여 그동안 자신이 깨닫지 못했던 자아의 측면들을 인식하게 되고 '자신'을 더욱 통합시켜 나가는 유익한 과정이라는 견해도 눈여겨

볼 만합니다(김수한, 2010; 우선혜, 2016).

중년의 위기에 관한 견해를 더 살펴보면요. 인생의 주기 중 이러한 위기가 찾아오는 것은 시대와 문화를 초월한 보편적 현상이라 할지라도 중년기 위기감을 경험하는 시기, 양상, 해결 과정은 생물학적, 심리적, 사회적 조건에 따라 다양하게 나타남을 알 수 있습니다. 중년 남성들은 지금까지 추구해왔던 목표가 자신에게 적합한 목표가 아니었음을 인식하거나 더 이상 자신에게 가치 없음을 느끼면서 우울, 침체에 빠지는 경우가 있고요. 또, 남은 인생 기간 내에 목표를 이룰 수 있을지 생각하며 압박감, 불안감을 느끼기도 하죠. 간혹 지금까지 살아온 삶 자체를 회의하며 자신의 과거 경험에 대해 수용하지 못하게 되기도 합니다.

한국의 중년 남성

한국인의 특수한 상황으로 인해서 한국의 중년 남성들이 겪는 특징들을 알아보겠습니다. 현재 한국의 중년층들은 베이비붐 세대, 386세대, 근대화 세대들에 속하는 경우가 많습니다. 현재 주로 50대의 분들은 아마 이 세대들이시죠?

여성들의 사회진출 증가, 성 역할 분리 규범이 약화되면서 기존의 가부장적 남녀 간 역할과 분리 현상이 약화되는 것을 경험하였고, IMF 외환위기 이후에 구조조정이 상시화되면서 일자리 불안정을 겪었거나 현재 겪고 있습니다. 경제적인 능력에 따라 가치를 판단하고 서열을 매기는 물질주의 풍조 속에서 중년 남성들의 부담이 커졌습니다.

명예퇴직, 정년퇴직 등으로 경제적 부양자가 아닌, 경제적 부담자가 되는 갈등을 경험하고 있기도 합니다. 서양과는 달리, 한국의 중년들은 중년기 위기를 40대 초반보다는, 50대가 넘어서 경험하는 경우가 많습니다. 왜냐하면, 한국의 중고생 자녀를 둔 중년 부모들은 입시교육으로 인한 압박감 때문에 자신의 삶에 대해서 내성하고 위기감을 느낄 만큼 여유가 없어 뒤늦게 표출될 가능성이 많기 때문에 그렇습니다(김수한, 2010; 우선혜, 2016).

쉬어가기

사춘기 자녀가 혼란스러운 시기를 겪을 때, 아빠도 중년의 힘든 시기를 겪게 되고는 합니다. 성장기 자녀의 이런 혼란스러운 감정을 담아내어 주는 그릇이 되기 위해 아빠도 함께 성장해야 합니다.

아버지는 **성장기 자녀의 불편한 감정을 감당해주어야** 합니다. 감정을 감당한다는 말은 "대체 어떤 사람이 되려고 그러느냐?"라며 분노로써 갚지 않는 것, "감히 아빠한테 그럴 수 있느냐?"라며 아이를 피지배자의 자리에 머무르게 하지 않는 것을 뜻하죠. 불편한 감정뿐 아니라 청소년기에 느끼는 절망과 희망에 대해서도 부모가 감당해 줘야 합니다. 자녀의 절망감에 공감하고, 절망감을 표현하도록 허용하고, 절망을 비운 자리에 희망을 받아서 안을 수 있도록 안내해야 합니다. 즉 자녀의 불편한 감정을 담아내어 주는 그릇이 되어야 하는 것이죠. 자녀 세대의 호소에 응답하고 그들에게 희망을 돌려주는 게 아버지의 일일 것입니다.

아버지 **스스로의 회복탄력성을 키워야** 합니다. "복원력"이라고도 불리는 "회복탄력성" 이란, '심각한 스트레스나 역경에도 불구하고 사회적으로 성공해 인정받을 만한 방식으로 살아가며 자신을 긍정적인 방향으로 발전시키는 능력'을 말하는데, 복원력은 절망의 상태와 희망의 요소, 이 두 가지가 공존하는 상태라고 볼 수 있습니다. 복원력이 뛰어난 이들은 고통스러운 상황에서 주로 지식으로 이해하기, 유머로 만들기, 승화적으로 표현하기, 이타적으로 행동하기 등의 긍정적인 방어기제들을 사용한다고 알려졌죠. 그들은 외부의 인정, 경쟁자의 향방에 신경 쓰지 않고 자기만의 내적 기준을 따라 살아갑니다.

감사의 대인이 되어봅시다. 무슨 뜻일까요? 긍정심리학의 창시자 마틴 셀리그먼과 에드 디너는 2002년에 행복한 사람들의 생활방식과 성격을 연구했습니다. 두 사람은 대학생 222명을 무작위로 선정해 여섯 가지 검사를 실시하고, 그들이 느끼는 행복을 측정했지요. 그런 다음 행복지수가 높은 상위

10%의 학생들을 뽑아내 집중 연구했습니다. 이들 상위 10%는 자신의 삶을 불행하게 느끼는 사람들과 현저하게 다른 특징을 가지고 있었는데, 바로 **폭넓은 대인관계**였습니다. 그들은 친구, 동료, 가족과 연대감이 매우 강했습니다. 나아가 사회활동에도 많이 참여했지요. '행복한 대인(大人)'이 되고 싶다면 일상에서 '감사의 대인(對人)'부터 실천하세요.

감사의 밤을 열어보는 것은 어떨까요? 펜실베이니아대학교에서 긍정심리학을 가르치는 마틴 셀리그먼은 실습수업으로 '감사의 밤'을 엽니다. 학생들은 소중한 존재이지만 단 한 번도 고마움을 전하지 못했던 사람을 한 명씩 초대합니다. 그런데 여기에는 조건이 하나 있지요. 행사 시작 직전까지 초대한 사람에게 모임의 목적을 비밀에 부쳐야 합니다. 마침내 '감사의 밤'이 열리면 학생들은 자신이 초대한 사람에게 고마운 마음을 담은 감사장을 전달하고, 모든 감사장의 내용을 가지고 토론합니다. 마틴 셀리그먼은 **"굳이 감사의 효과를 검증할 필요성을 느끼지 않을 정도로 '감사의 밤'이 주는 효과는 컸다."**라고 말합니다. 우리도 '감사의 밤'을 열어보면 어떨까요?

[출처: <감사 365 : 매일이 행복해지는 30초 감사> 2017-01-30 22:04
CBS노컷뉴스 김영태 기자,
원문보기: http://www.nocutnews.co.kr/news/
4725457#csidxb34703373127c93b42a8132cfbe0b90]

중년기 남성의 심리적 안녕감에 영향을 미치는 요인

모두 심리적으로 안녕감을 경험하는 중년기를 보내고 싶으시지요? 다음 결과들을 눈여겨보시기 바랍니다. 연구 결과에 의해 중년기 남성의 심리적 안녕감에 영향을 미치는 것으로 알려진 요인들입니다. 무조건적 자기수용, 인지적 유연성, 정서조절 곤란, 결혼만족도, 부모-자녀 의사소통, 직무만족도, 가족 여가활동, 감사하기, 이런 것들인데요. 물론 이게 다는 아닙니다. 이 외에도 다른 요인들이 있을 것이지만, 대표적인 것들입니다. 이 중의 일부는 이 책의 전체 내용 중에 포함되어 다루고 있죠(김수한, 2010; 우선혜, 2016).

무조건적 자기수용

중년기 남성의 심리적 안녕감에 영향을 미치는 요인 첫 번째, 무조건적 자기수용인데요. 여기서 자기수용은 자기 자신을 있는 그대로 만족스럽게 받아들이고 인정하는 것을 의미합니다(Maccines, 2006). 다시 말해서, 자신의 장점, 단점, 신체적 조건, 자기 자신의 느낌, 생각, 행동 등 여러 가지 심리적인 현상을 포함한 것까지 자기의 것으로 인정하고 책임지는 것입니다. 자신의 긍정적인 면만 인정하고 부정적인 면은 인정하지 않게 되면 자신의 일부만을 인정하는 것이 되므로 긍정적인 자기 상(像)을 갖지 못하고 심리적 성장·발달에 방해가 될 수 있겠죠? 자기수용은 자신의 부정적인 측면들, 그 이면에 감추어진 열등감, 불안, 공포, 죄책감, 증오심 등을 자기 소유로 인정하고 받아들이는 것까지 포함하는 것입니다(김선남, 1999).

자기수용을 잘하는 사람은 부정적인 사건을 경험해도 부정적인 정서가 잘 나타나지 않죠(Ellis & Harper, 1997). 또한, 어떤 비판과 비난의 상황에서도 그것을 무조건 부정하거나 부인하지 않고 자신을 있는 그대로 받아들여서 타인의 평가에 의해 자기 가치감에 위협을 받지 않습니다(김사라형선, 2005). 계속해서 자기수용을 잘하는 사람의 특징을 좀 더 살펴보면, 어떤 문제에 대해 공격적·소극적·회피적 대처 행동을 적게 하며 적극적 대처 행동을 많이 하는 것으로 나타나고, 자기 자신을 평가하는 데 있어 더 객관적이어서 부정적 평가를 준 사람을 깎아내리는 경향이 덜 할 뿐만 아니라 부정적 평가를 덜 배척하는 경향이 있습니다(Chamberlain & Haaga, 2001). 우울 경향성 및 불안정 자존감의 정도가 낮고 자아탄력성이 더 높은 특징도 보입니다(김수한, 2010).

그렇다면 무조건적 자기수용을 위해 어떤 태도를 지녀야 할까요? 나이와 관련된 변화들에 직면해서 자기 정체감을 유연하게 수정하면서도 자기 연속감을 유지해야 자신의 사고와 감정을 더 잘 지각하고 더 높은 자존감을 가질 수 있습니다. 특히 남성에게 있어서 양육, 보살핌, 돌봄 등의 '여성적' 특질들을 더 많이 수용하는 '양성적 성 정체감'의 획득은 바람직한 성격 특질과 관련되죠. 중년기에 더 평온하고 조용한 삶의 시간으로 들어가 좀 더 철학적이 되어서 자신의 생애 동안 모든 문제가 해결될 수는 없다는 사실을 받아들이는 사람들이 중년기에 좀 더 성공적으로 적응할 수 있다고 합니다 (Vaillant, 1997, 2002).

인지적 유연성

중년기 남성의 심리적 안녕감에 영향을 미치는 요인 두 번째는요. 인지적 유연성입니다. 여기서 인지적 유연성에 대한 학자들의 설명을 살펴보면, '어떤 상황이 주어져도 상황을 이용할 수 있는 대안이 존재하고 있다는 것을 인식하고 있고 그 상황에 자발적으로 순응하며, 자신의 유연함에 있어서 높은 자기효능감을 갖는 것'이라는 견해 (Martin & Rubin, 1994), '예상치 못했던 새로운 상황에 처했을 때 그 상황에 알맞은 인지적 처리 전략을 고안해 낼 수 있는 인간의 능력 (Canas, 2005)'이라는 견해가 있습니다. 덧붙여, '해결하기 어려운 상황에 직면했을 때 그것을 통제 가능한 것으로 여길 수 있으며 쉽게 적응하고 순응할 수 있는 자발성이 있으며 해결을 위한 다양한 대안적인 해결책을 찾을 수 있는 능력(Dennis & Vander Wal, 2010)'이라고 정의하기도 하죠. 이를 종합해 보면, 인지적 유연성은 '새로운 상황과 문제에서 그것을 해결할 수 있는 다양한 대안적인 사고를 할 수 있고 해결책을 만들어 낼 수 있는 능력' 즉, '대안 인식 및 도출 능력'과 곤란한 일이 생겼을 때 그 상황을 자신이 통제할 수 있고 원활하게 해결할 수 있다고 믿는 능력 즉, '상황 통제 인식 및 대처 경향성'으로 구성됨을 알 수 있습니다(우선혜, 2016).

인지적 유연성이 심리적 건강에 긍정적인 영향을 미치는데요. 긍정적 정서를 더 많이 느끼고 스트레스 수준을 낮추고 삶에 대한 만족도가 높아집니다. 그리고 인지적 유연성을 갖게 되면 긍정적인 성취 또한 높아집니다(우선혜, 2016).

정서조절 곤란

중년기 남성의 심리적 안녕감에 영향을 미치는 요인 세 번째는, 정서조절 곤란인데요. 먼저 정서조절의 개념을 살펴볼까요? 정서조절이란 부정적인 정서를 경험할 때 그 정서에 대한 스스로의 자각이 있고 이해와 수용할 수 있는 능력과 현재 경험하고 있는 상황과 자신이 바라는 목표를 일치시키기 위해 정서를 조절하고 나아가 행동을 조절할 수 있는 자신만의 정서조절전략들을 사용하는 능력을 아우르는 개념입니다(Gratz & Roemer, 2004). 이러한 정서조절의 구성요소는 충동통제능력, 정서 자각 능력, 정서 수용성, 정서 인식 명료성, 정서조절전략 활용능력, 목표지향 수행능력 등입니다.

정서조절은 개인의 안녕감, 성공적인 기능수행에 있어 중요한 요인인데요. 정서조절의 손상 및 실패는 정신병리를 초래한다는 주장이 있습니다. 정서조절의 손상 및 실패는 우울 및 불안을 유발하고 긍정적 정서 및 부정적 정서를 경험하는 빈도와도 관련되며 삶의 만족도와 심리적 안녕감을 낮춥니다.

한국의 중년기 남성들은 자신의 정서를 표출하지 못하도록 교육받으며 성장해 왔기 때문에 자신의 정서를 자유롭게 표현해보고 조절하는 능력이 상대적으로 부족할 수 있죠. 또한 가족부양에 대한 부담감은 직업 생활에서의 책임감으로 이어져 자신의 정서를 표출하기보다는 억압하는 일이 당연시되고 있을 것으로 예상해볼 수 있겠습니다(우선혜, 2016).

결혼만족도

중년기 남성의 심리적 안녕감에 영향을 미치는 요소 네 번째, 결혼만족도입니다. 결혼만족도는 한 개인이 결혼에 대해 갖는 기대와 그 사람이 실제로 받는 보상 사이의 일치 정도를 말하는데요(Lenthall, 1979), 중년기 남성은 가족생활을 직장 생활보다 우선시하며 직장에서의 지위와는 관계없이 직업 생활보다는 남편으로서의 역할이 남성의 행복감과 밀접하게 관련된다고 합니다.

남편 역할의 수행은 직장에서의 부정적인 경험을 완화한다는 연구 결과가 있죠. 부부 역할의 수행 역시, 직장에서의 부정적인 경험을 완화합니다. 이를 통해, 부부 역할이 남성들이 겪는 심리적인 적응과 삶의 질에 밀접하게 관련됨을 알 수 있습니다(Barnett, Marshall & Pleck, 1992).

결혼만족도가 중년기 부부의 심리적 복지감과 깊은 관련을 맺는데요. 가족의 유대관계가 높으면 남성이 경험하는 중년기 위기감이 낮다는 연구 결과가 있습니다(Coverman, 1989). 가족 중 특히 중년기 심리적 적응에 많은 영향을 미치는 것은 배우자와의 관계입니다. 5장. '금실 좋은 부부'에서 습득한 내용을 바탕으로 배우자와 좋은 관계를 유지하기 위해 노력하셔야겠습니다.

부모-자녀 의사소통

중년기 남성의 심리적 안녕감에 영향을 미치는 요소 다섯 번째는요. 부모-자녀 간 의사소통입니다. 여기서, 부모-자녀 의사소통은 생각, 감정, 사실, 의견, 행동 등을 언어적·비언어적 의사소통 수단을 통해 전달해서 부모-자녀 간에 공동의 이해를 만들어가는 과정을 말합니다.

그런데, 한국의 남성들은 가부장적이며 전통적인 문화적 배경으로 인해 자신의 생각이나 감정을 직접적으로 전달하는 것을 불편하게 생각하는 경향이 있죠? 한국 중년 남성들의 의사소통의 특징은 우회적 표현을 많이 하는 것인데 반해, 현대의 자녀 세대의 경우, 중년 아버지의 이 같은 의사소통 방식에 대한 이해가 부족하여 더 많은 갈등을 경험할 수 있습니다(우선혜, 2016). 어머니와의 의사소통에서 역기능이 있는 경우보다 아버지와의 의사소통에서 역기능이 많을 경우, 자녀의 문제행동에 더 많은 영향을 준다는 연구 결과는 의미심장합니다(최현, 2009). 이를 염두에 두시고 자녀들과 좋은 의사소통을 위해 노력을 기울이셔야겠습니다.

직무만족도

중년기 남성의 심리적 안녕감에 직무만족도도 영향을 미치는 것으로 알려져 있습니다. 직무 만족이란 한 개인이 자신의 직무에 만족한다고 말할 수 있게 하는 심리적·생리적·환경적 상황의 조합을 말하는데, 조직구성원이 수행하고 있는 직무 또는 직무 경험에 대한 긍정적 정서 및 감정 상태를 말하는 개념입니다(Kalleberg, 1977).

중년기 남성들은 일과 직장에서 자신의 정체성을 찾으면서 일상생활을 규제하고 사회적인 관계망을 형성해 가는데, 직무만족도는 중년기 남성들에게 있어서 생활 속에서 느끼는 만족감 중에서도 높은 수준의 만족감을 제공합니다(김경은, 2011). 직무만족도는 심리적 만족감·정신건강 등에 영향을 미치고요. 직장에서의 생활에 더 많이 만족할수록 주관적인 삶의 질을 높게 인식하는 것으로 나타나고 있습니다. 따라서 한 개인의 심리적 적응에 적지 않은 영향을 미치는 변인입니다(우선혜, 2016).

하지만, IMF 대규모 구조조정 여파 이후에 한국의 많은 중년 남성들은 "ADD 증후군(After Downsizing Desertification Syndrome)"이라

불리는 정신적인 황무지화를 겪고 있는 것으로 나타났습니다. ADD 증후군이라는 것은 After Downsizing Desertification Syndrome이라고 하는데요. 한국말로 표현하자면 '구조조정 이후에 황무지화 증후군' 정도로 표현할 수 있겠습니다. 이와 같은 ADD 증후군은 다음의 세 단계를 거친다고 해요. 첫 번째 단계는 '정신적 혼돈기'라고 하는데요. 감원 대상이 되지 않을까 하는 불안감과 회사에 대한 배신감, 불안과 두려움, 분노, 이런 감정들이 혼재된 상태입니다. 쉽게 피로해지고 기억력, 집중력 감퇴, 짜증이나 공격적인 충동 증가, 대인관계 악화, 이런 특징을 보입니다. 두 번째 단계는 '정신적 억압기'라고 하는데요. 이 시기에는 놀라운 적응력을 보입니다. 감봉도 불사하고요. 휴가도 반납하고, 헝그리 정신을 발휘하기도 합니다. 하지만, 폭발 직전의 활화산과 같아서 언제 균형이 깨질지 모르는 상태라는 겁니다. 단지 생존을 위한 몸부림일 뿐인 거죠. 세 번째 단계는 '정신적 황무지화'인데요. 이때는 철저히 방관하는 자세를 보입니다. 치열한 생존경쟁도 부질없어 보이고, 해고당하는 동료를 봐도 무감각해지게 됩니다. 실직에 대한 공포도 사라집니다. 직장의 구경꾼이 됩니다. 이러다 보면, 피로 의식에 사로잡힌 채 냉소적이 되고요. 이게 더 길어지면 우울증이 일상화되는 특징을 보이게 됩니다(정혜신, 2002).

정신과 의사 정혜신 원장의 말을 빌자면, 차라리 우울증은 더 나은 상태라는 거예요. 울증의 반대인 조증 상태가 더 심각하다고 하는데요. 조울증이라고 들어보셨죠? 조증과 울증 상태가 주기적으로 번갈아 나타나는 정신질환을 조울증이라고 하는데요. 조증 상태에서는 지나친 자신감, 과도한 낙관, 할 말도 너무 많고 일도 넘치도록 하고요. 일 중독자 증세를 보입니다. 조증은 더 큰 좌절과 상처, 열등감에 대한 일종의 방어기제로서 그 상태로 오래가지 못하고 꺾이게 되어 있습니다. 문제 해결 능력은 뛰어날지 모르지만, 삶이나 관계에서 오는 위기관리 능력에선 "0(제로)" 인 사람들이라고 볼 수 있어요(정혜신, 2002).

정신과를 찾는 남자들의 대부분은 40대 전후라고 합니다. 30대 중반이 지나면서부터 남성에게는 남성호르몬이 감소되고, 여성호르몬이 증가하고요. 반면 여성에게서도 여성호르몬은 감소하고 남성호르몬은 증가하게 되는데, 다시 말해서 남성들은 좀 더 여성화되고요. 여성들은 좀 더 남성화되는 경향을 보입니다. 여성의 남성화라는 것은 좀 더 독립적이 되고 주도적이 되고 공격적이 되는 특징을 보이는 것을 말하는데요. 이와 같은 현상을 중년의 '사춘기'라고 합니다(정혜신, 2002).

많은 중년 남성들은 자신의 욕구가 희생되었다는 느낌, 진정으로 자신이 원하는 삶을 살지 못했다는 느낌을 토로하는 경우가 많습니다. 통계 결과에 의하면, 남자들의 사망률은 여자의 2배에 이른다 하고요. 40대의 사망률은 여자들의 3배, 자살률은 남자가 여자의 2배, 자살 성공률은 남자가 여자의 3배인 것으로 집계돼 있습니다(김수한, 2010).

이에 대한 해결책으로 '슈드비(Should be) 콤플렉스를 버려라.'라고 권하고 있습니다. 슈드비 콤플렉스라는 것은 '나는 이렇게 되어야만 해.'라는 일종의 강박관념 같은 건데요. '억울하다, 헛살았다, 희생만 했다'는 느낌을 갖지 않으려면, 이러한 슈드비 콤플렉스 대신에 자신의 행복을 스스로 추구해야 합니다(정혜신, 2002).

두 번째 해결책은요. '결론 없이 얘기하는 법을 배워라.'라는 것입니다. 상대를 통제하려는 방식, 문제 해결에 초점을 맞춘 대화는 서로의 진정한 소통을 방해하게 됩니다. 따라서 그냥 결론 없이 조곤조곤 정서적인 소통을 하는 대화가 필요합니다. 아버지도 스스로 행복해지는 방법을 찾으셔야 되고요. 아버지가 행복해야 자녀가 행복해집니다(정혜신, 2002).

가족 여가활동

중년기 남성의 심리적 안녕감에 영향을 미치는 요소 일곱 번째, 가족 여가활동입니다. 가족 여가활동은 가족을 단위로 행하는 여가활동으로, 모든 가족이 함께 행하는 자유스러운 활동입니다. 즉 여가 시간에 인지하는 활동과 시간에 초점을 두는 개념입니다(연분홍, 2014).

가족 여가활동은 가족의 안정성, 결속력, 유대감 강화, 심리적 만족, 생활만족도, 삶의 질 향상, 가족 구성원 간 친밀도를 높임, 가족 간의 대화를 유도, 공동체적 가치관을 재정립, 새로운 관계를 설정하는 기회가 됩니다. 특히 청소년의 여가는 신체적 성숙과 정신건강을 증진, 자아정체성 확립, 대인관계 형성에 크게 기여하는데요. 이러한 가족 구성원 간의 신뢰 관계 및 애착 형성을 통해 청소년의 사회성과 자아존중감 형성에 큰 영향을 줄 뿐만 아니라, 사회부적응 문제 및 비행 참여 비율을 낮추고 학습기회를 제공하고 가족 간 의사소통을 증진하는 것으로 연구 결과들에선 나타나고 있습니다(연분홍, 2014).

가족 여가활동의 종류에는 어떤 것이 있는지 살펴볼까요? TV 시청, 비디오 관람, 게임, 집 앞마당이나 공터에서 뛰어놀기, 농구하기 등 가정 내 활동이 있고요. 가족 외식, 가족 야외 나들이, 가족 여행하기, 가족 휴가, 캠핑, 낚시 등 외부에서 행해지는 레크리에이션 활동, 놀이공원이나 테마파크 가기, 스포츠 관람, 스포츠 활동 참가하기 등 외부 활동이 있습니다. 인터넷 게임 함께하기, 자녀가 관심 있어 하는 스포츠, 동물, 아이돌 그룹, TV프로, 인기스타, 요리, 컴퓨터 등에 관해 배우고 여가를 함께 보낼 수도 있겠고, 그 외에도 나무 심기, 집안 가꾸기, 스포츠 활동, 영화 보기, 저녁 식사, 기념일 축하, 등산, 함께 독서하기, 보드게임, 쇼핑 등 다양한 가족 여가활동이 있습니다.

감사하기

중년기 남성의 심리적 안녕감에 영향을 미치는 요소 마지막, 여덟 번째는 감사하기입니다. 감사하기는 은혜에 대한 정서적 반응이며,

이타적인 행동의 수혜자가 된 후에 느끼는 고마움으로 정의할 수 있습니다. 또, 자신이 얻은 긍정적 경험들과 성과들 속에서 다른 사람들이 베푼 자애(benevolence)의 역할을 인식하고 그것에 대해 감사한 감정으로 응답하는 것으로 정의할 수도 있습니다.

그런데, 과연 우리 인간이 경험할 수 있는 여러 다양한 감정들 중에서 어떤 감정일 때 심장이 가장 편안하게 뛸까요? 연구 결과, 고마움을 느낄 때 심장이 가장 안정적으로 뛰는 것으로 밝혀졌습니다. 고마움에 대해 '생각'만 하는 게 아니라, 고마움을 '느끼는' 것이 그렇다는 것인데요. 생각만 하는 것은 별로 도움이 안 됩니다. 감사함을 마음으로 '느낄 때' 심박 변동률이 안정 상태로 변하고 그 상태가 오래 지속된다고 합니다(최성애, 조벽, 2012).

감사하는 긍정적인 감정을 갖게 되면 에너지 증가, 회복탄력성 증가, 신체적 피로 쉽게 회복, 심리적 상처 회복 증진, 신체적 면역력 증가, 인지적 유연성 증가, 문제 해결력 증가, 기억력, 통찰력, 창의력 증가, 전반적 행복 수준과 업무 능력 향상에 큰 도움이 됩니다. '감사하기'가 행복해지는 가장 강력한 방법이라는 것이죠.

오늘의 점검

앞서 아버지도 행복해지는 방법을 찾아야 한다는 숙제를 드렸습니다. 이 장을 읽으며 답을 찾으셨나요? 아버지가 행복해지는 방법을 찾기 위해 어떻게 해야 할지 생각해 봅시다.

Q. '감사하기'가 행복해지는 방법 중 강력하다는 것을 확인했습니다. 감사하기를 위해 다음의 활동을 해보세요.

1. 감사편지 쓰기

지금까지 감사한 마음은 있었으나 적절하게 감사의 마음을 표현하지 못했던 특정한 사람에게 감사의 마음을 표현하는 편지를 쓰세요. (편지는 실제로 그 당사자에게 보내도 좋고, 상황이 여의치 않으면 보내지 않아도 좋습니다.):

____

2. 오늘 하루를 돌아보며 감사한 것 세 가지 적기

1) ______________________________

2) ______________________________

3) ______________________________

3. "향유하기와 음미하기" 활동계획하고 실천하기

1) 서로 다른 두 날짜를 계획하고 어떠한 활동을 할 것인지 구체적으로 적어보고, 실제로 실천해보세요.

예: 저녁 식사로 좋아하는 음식 먹기, 좋아하는 디저트에 흠뻑 빠지기, 따뜻한 목욕을 즐기면서 이완하기, 마사지 받기, 좋아하는 음악 듣기 등

습관화를 방지하기 위해, 사용할 수 있는 즐거운 활동의 다양한 레퍼토리를 개발하는 게 좋습니다.

참고문헌

김경은 (2011). 청장년층의 성공적인 노후에 대한 인식과 유형. **한국청소년학회, 18**(7), 185-208.

김사라형선 (2005). **어머니의 완벽주의와 아동의 정서 관계에서 아동의 무조건적 자기수용의 중재효과**. 한양대학교 박사학위 청구논문.

김선남 (1999). 자기성장 집단상담 모형에 관한 일 연구. **학생생활연구소보, 25**, 1-36, 경상대학교.

김수한 (2010). **중년기 남성의 심리적 위기감과 성 역할 및 무조건적 자기수용의 관계**. 이화여자대학교 대학원 석사학위 청구논문.

김정민 (2016). **중년기 남성의 개인내적 특성, 사회적 특성 및 직무만족이 심리적 안녕감에 미치는 영향**. 명지대학교 대학원 석사학위 청구논문.

윤성민 (2011). **행복증진 긍정심리개입활동들의 효과: 개인-초점적 활동과 관계-초점적 활동의 비교**. 아주대학교 대학원 박사학위 청구논문.

연분홍 (2014). **아버지 역할 수행과 청소년의 자아존중감 관계에 영향을 미치는 가족여가활동의 조절효과 검증**. 숭실대학교 대학원. 박사학위 청구논문.

정혜신 (2002). **정신과 여의사 정혜신이 바라본 중년 남성-죽음에 이르는 병, 맨 콤플렉스**. 박형숙 편. [말] (2002년 12월), 통권 198호.

최성애, 조벽 (2012). **청소년 감정코칭**. 서울: 해냄.

최현 (2009). **초등학생 부모와의 의사소통 방식과 정서지능이 또래관계에 미치는 영향**. 전남대학교 교육대학원, 석사학위논문.

Barnett, R. C., Marshall, N. L., Pleck, J. H.(1992). Men's multiple roles and their relationship to men' psychological distress, **Journal of Marriage and the Family, 54**(May), 358-367.

Boehm, J. K., & Lyubomirsky, S. (2009). The promise of sustainable happiness. In S. J. Lopez(Ed.), **Handbook of positive psychology** (2nd ed.; pp. 667-677). New York: Oxford University Press.

Canas, J. J., Amtoli, I., Fajardo, I., Salmeron, L. (2005). Cognitive inflexibility and the development and use of strategies and the complex dynamic problems: effects of different types of training. **Theoretical Issues in Ergonomics Science, 6**(1), 95-108.

Chamberlain, J. M., & Haaga, D. A. F. (2001). Unconditional self acceptance and responses to negative feedback. **Journal of Rational-Emotive & Cognitive-Behavior Therapy, 19,** 177-89.

Coverman (1989). Role Overload, Role Conflict, and Stress: Addressing Consequences of Multiple Role Demands. **Social Forces, 67**, 965-982.

Dennis, J. P., Vander Wal, J. S. (2010). The cognitive flexibility inventory: Instrument development and estimates of reliability and validity. **Cognitive therapy and research, 34**(3), 241-253.

Ellis, A., & Harper, R. A. (1997). **A guide to rational living (3rd Ed.)**. North Hollywood. CA: Wilshire.

Gratz, K. L., Roemer, L. (2004). Multidimensional Assessment of emotion regulation and dysregulation : Development, factor structure, and initial validation of the Difficulties in Emotion Regulation Scale. **Journal of Psychopathology and Behavioral Assessment, 26**, 41-54.

Kalleberg, A. L. (1977). Work values and job reward: A theory of job satisfaction. **American Sociological Review, 42**(1), 124-143.

Lenthall (1979). Marital satisfaction and marital stability, **Journal of Marriage and the Family, October**.

Lyubomirsky, S., Sheldon, K. M., & Schkade, D. (2005). Pursuing happiness: The architecture of sustainable change. **Review of General Psychology, 9**, 111-131.

Macinnes D. L. (2006). Self-esteem and self-acceptance: an examination into their relationship and their effect on psychological health. **Journal of Psychiatric and Mental Health Nursing, 13**, 483-89.

Martin, M. M., Rubin, R. B.(1994). A new measure of cognitive flexibility.

Psychological Reports, **76**(2), 623-626.

Vaillant, G. (1977). **Adaptation to life**. Boston: Little Brown.

______ (2002). **Aging well**. Boston: Little Brown.